L'AVENIR DU TRAVAIL

Sous la direction de
Jacques Attali

L'Avenir
du
travail

avec le concours de
Pierre Cahuc, François Chérèque,
Jean-Claude Javillier, Philippe Lemoine,
Luc-François Salvador, Dominique Turcq,
Philippe Vivien

Fayard Institut Manpower

Institut Manpower

Créé en 1994, l'Institut Manpower a pour mission d'initier les débats sur les changements du monde du travail.

Ses travaux ont pour objet l'anticipation, la compréhension et l'explication de ces mutations et de leurs enjeux. Ils sont présentés au sein de conférences spécifiques et de publications dont l'objectif est d'offrir au plus grand nombre des éléments précis pour alimenter leur réflexion.

www.institutmanpower.fr

© Librairie Arthème Fayard et Institut Manpower, 2007

ISBN : 978-2-213-63285-8

L'Avenir du travail

rapport du groupe de travail présidé par Jacques Attali et réunissant :

Pierre CAHUC, professeur à l'Université Paris 1 Panthéon Sorbonne, chercheur au CREST (INSEE)

François CHÉRÈQUE, secrétaire général de la CFDT

Jean-Claude JAVILLIER, Senior Adviser, International Institute for Labour Studies, OIT

Philippe LEMOINE, président-directeur général de LaSer

Luc-François SALVADOR, président-directeur général du Groupe Sogeti

Dominique TURCQ, président de l'Afplane, directeur général de Fenixs-Boostzone

Philippe VIVIEN, vice-président exécutif ressources humaines du Groupe Areva. Membre du Comité exécutif.

INTRODUCTION

Les élèves de tous les lycées d'aujourd'hui travailleront encore en 2050. Quels métiers exerceront-ils ? Voudront-ils les exercer ? À quels métiers faut-il les préparer ? Avec quelles technologies ? Dans quelles entreprises ? Pendant combien de temps ? Selon quelles règles ? Avec quel droit du travail ? Aura-t-on plus de robots ou plus d'employés, ou les deux à la fois ? Va-t-on vers une société de services ou une société hyperindustrielle ? Comment la globalisation, et les délocalisations qu'elle entraîne, influeront-elles sur la nature des professions, sur les revenus, sur la pénibilité du travail ? Comment évoluera le mouvement syndical ? Quelles conséquences auront les luttes sociales sur la durée et les conditions de travail, sur la protection des chômeurs ? Aura-t-on plus de précarité ou plus de protection ? Saura-t-on convaincre les jeunes d'exercer les métiers qui seront nécessaires ? Le travail intérimaire se développera-t-il ? Le chômage peut-il disparaître ? Peut-on réduire à néant toute pénibilité au travail ? Peut-on définir aujourd'hui les réformes en matière de formation initiale et permanente, du droit de travail, de recherche, qui seraient nécessaires pour que les actifs d'après-demain exercent un travail intéressant et valorisant ?

Rien, évidemment, ne permet de répondre en détail et de façon certaine à toutes ces questions. Pourtant, il est nécessaire de chercher quelles données sont disponibles, ne serait-ce que pour organiser le système de formation d'aujourd'hui dont dépend la formation des jeunes de demain aux métiers, connus ou inconnus, d'après-demain.

L'étude des diverses dimensions de l'avenir, telle qu'elle a été menée par ailleurs[1],

---

1. *Une brève histoire de l'avenir*, Jacques Attali, Fayard 2006.

permet de mieux cerner quelques-unes des réponses possibles à ces questions, ou à tout le moins de limiter le champ des possibles. Dans l'espoir, naturellement, d'éviter le pire et de conserver le meilleur.

Demain, le travail dans le monde

1. De plus en plus de demandeurs d'emplois

Commençons d'abord par quelques évidences démographiques : demain le monde sera peuplé par de plus en plus de personnes à la recherche d'un emploi. La population mondiale en âge de travailler continuera d'augmenter, comme elle augmente depuis toujours : de 1995 à 2005, elle est passée de 3,9 milliards à 4,6 milliards. Si l'on extrapole d'après les lois de l'histoire les plus vraisemblables, à l'horizon 2015, la population mondiale en âge de travailler s'élèvera à quelque 5,35 milliards de personnes dont les deux tiers seront économiquement actives, soit près de 3,5 milliards. Environ 3 milliards d'entre elles vivront dans les pays en développement, dont 60 % en Asie. En 2050, la population en âge de travailler aura augmenté de près de moitié, pour atteindre environ les 7 milliards.

Autrement dit, 40 millions de personnes rejoindront chaque année le marché mondial du travail, soit l'équivalent d'une fois et demie la population active française. Ces nouveaux arrivants seront principalement des pauvres vivant dans les campagnes et les bidonvilles des grands pays émergents. Tous ne travailleront pas ; tous souhaiteront le faire.

Malgré cette croissance du nombre d'êtres humains en situation de demande d'emploi, les pays du Nord, eux, manqueront de main-d'œuvre en raison de leur vieillissement. Aussi le chômage s'y réduira-t-il par un simple effet démographique, et d'autant plus vite que la formation professionnelle sera adaptée aux besoins.

Par exemple, aux États-Unis, selon les estimations de l'Employment Policy Foundation, dans les trente prochaines années, une pénurie structurelle d'actifs bouleversera la situation : le nombre de jeunes arrivant sur le marché du travail sera très inférieur au nombre de membres de la génération des baby-boomers qui partiront à la retraite. Cela entraînera certes une réduction très significative du chômage, mais aussi une hausse de l'inflation et un ralentissement massif de la croissance. Plus précisément, au taux actuel de croissance de la productivité, pour permettre à l'économie américaine de continuer à croître de 3 % par an comme elle le fait en moyenne depuis 1948, la population active américaine devrait augmenter de 58 millions de travailleurs dans les trente prochaines années, alors que les tendances démographiques actuelles laissent escompter une augmentation limitée à 23 millions de personnes seulement. Sans changement des évolutions économiques et démographiques, il manquera aux États-Unis 35 millions d'actifs en 2035. Pour combler ce manque, il faudra (selon des experts tel Peter Francese, fondateur de l'*American Demographics Magazine*) jouer à la fois avec les effets cumulés des progrès technologiques, de la sous-traitance à l'étranger, de l'immigration, du travail féminin et du recul de l'âge de la retraite. C'est aussi le cas des pays européens, en particulier de la France, dont il sera question en deuxième partie de ce livre : ces pays manqueront de main-d'œuvre et verront leur croissance ralentir sans que, pour autant, leur chômage disparaisse, sauf si on s'y révèle capable de réformer leur système de formation professionnelle, de travailler plus jeune et plus vieux, d'inverser les tendances démographiques et d'attirer une partie des populations du reste du monde à la recherche d'emploi.

À l'échelle planétaire, quels emplois seront disponibles pour ces masses en quête de travail ?

Face à cette demande massive de travail se créeront dans le monde de moins en moins d'emplois dans l'agriculture, de plus en plus dans l'industrie et les services, depuis la microentreprise jusqu'à la grande industrie : il faudra nourrir, habiller, former, soigner, assister cette population croissante, avec des technologies en pleine évolution. Il faudra moins de paysans, plus d'ouvriers et plus de services.

En 2006, 39 % de la population active mondiale travaille encore dans le secteur primaire, c'est-à-dire dans l'agriculture et le monde rural ; l'emploi industriel en occupe 21 %, et les services 40 %. Parmi ces travailleurs, dans tous les secteurs, plus de 2 milliards sont auto-employés, c'est-à-dire à la tête d'une microentreprise en général informelle dont ils sont en général le seul propriétaire et le seul employé, avec parfois des membres de leur famille. Ils sont paysans, artisans, transporteurs, entre tant d'autres métiers. Notons que, si officiellement 192 millions d'individus recherchent un emploi, 218 millions d'enfants sont contraints de travailler[1]. Dans certains pays, la répartition par secteur est plus arriérée que la moyenne : en Inde comme en Chine, par exemple, 75 % de la population vit encore de l'agriculture et au sein du monde rural.

---

1. *Changements dans le monde du travail*, Bureau international du travail, 2006.

À l'avenir, le Sud suivra l'évolution qui a été constatée dans les pays développés ; les techniques agricoles continueront d'évoluer (par la mécanisation et les biotechnologies) vers les productions de masse. L'agriculture, qui aura encore besoin, pour un temps, de plus en plus de bras en valeur absolue, en occupera de moins en moins en valeur relative. En Occident, la productivité du travailleur agricole a été multipliée par 46 au cours du XXᵉ siècle. À l'échelle mondiale, la proportion de la population agricole dans la population active va donc vraisemblablement décroître massivement avant que cette population ne baisse, comme en Occident, en valeur absolue. Sa part décroîtra plus vite en Asie et en Amérique Latine qu'en Afrique, du moins dans les premières décennies à venir.

Conséquence de la chute de la population agricole : la population rurale se réduira elle aussi rapidement, car une part importante de ceux qui seront libérés des activités agricoles ne restera pas à la campagne et partira tenter sa chance en ville, plus exactement dans les quartiers les plus pauvres.

Les hommes partiront plus facilement que les femmes, lesquelles resteront pour l'essentiel à la campagne. Elles seront encore durablement occupées à un travail gratuit qui leur incombe depuis toujours, et qui consiste en particulier à s'occuper des enfants et des tâches ménagères.

Le secteur industriel suivra le même chemin : en un siècle, dans les pays du Nord, la productivité du travailleur industriel a été multipliée par 28, et le nombre d'ouvriers a significativement diminué en valeur absolue. À l'avenir, dans les pays les plus industrialisés, le nombre des salariés de l'industrie diminuera davantage encore, même si l'essentiel de la valeur ajoutée continuera de provenir de l'industrie et de l'industrialisation des services. Et même si de très nombreux nouveaux produits industriels – aujourd'hui inimaginables – viendront remplacer ceux qui existent, voire se substituer à certains services. Il faudra de plus en plus d'ingénieurs de très haut niveau avec des rémunérations très supérieures.

Dans les pays du Sud, on n'en sera pas encore là et l'emploi industriel continuera d'augmenter en valeur relative et en valeur absolue pendant quelques décennies encore.

Puis, dans une cinquantaine d'années, dans certains de ces pays, la population active industrielle commencera à baisser, d'abord en valeur relative, puis, bien plus tard, en valeur absolue.

Dans les pays en développement comme dans les pays du Nord, les services, de la microentreprise à l'administration, du commerce à l'éducation et à la santé, se développeront, eux, de façon massive. Certains services actuellement prédominants seront industrialisés et produits par des machines ou des logiciels qui créeront à leur tour le besoin de nouveaux services pour accompagner le fonctionnement de nouveaux appareils.

Au total, chaque année, des centaines de millions d'emplois disparaîtront ; mais davantage encore seront créés. Dans les secteurs privés comme dans les administrations, l'essentiel des pertes d'emplois seront imputables à des restructurations imposées par des changements technologiques, à des modifications de la demande des consommateurs, à des changements dans l'organisation du travail.

Les délocalisations, motivées par la différence des coûts de main-d'œuvre, ne représenteront qu'un faible pourcentage des pertes d'emplois au Nord et des créations d'emplois au Sud : dans une étude portant sur 2 533 cas de restructurations en Europe ayant conduit à une perte de 1 080 000 emplois, seulement 5 % (soit environ 55 000 emplois), était clairement imputable à une décision de délocalisation des activités de production[1]. Par ailleurs, de plus en plus d'entreprises ayant délocalisé leur production dans un pays à plus bas coût de main-d'œuvre reviennent dans leur pays d'origine après une délocalisation ratée, faute de cadres, d'infrastructures, de moyens de transport. Enfin l'augmentation des salaires dans les pays accueillant les délocalisations, et l'augmentation du taux de change de la monnaie des pays d'accueil par rapport à l'euro, réduiront l'intérêt des délocalisations, sinon pour satisfaire les besoins des marchés locaux.

D'une façon générale, on assistera au basculement de l'emploi de l'agriculture vers l'industrie, de l'industrie vers les services, mais aussi, au-delà, à une industrialisation

---

1. *Forrester Research*, 2002.

des services (rendus de plus en plus par des automates) et à l'émergence de trois économies nouvelles : virtuelle, criminelle et relationnelle.

En résulteront de profondes modifications dans la manière de travailler, dans les relations professionnelles et dans la nature même des métiers.

2. La nouvelle nature du travail

Contrairement aux fantasmes de tant de prospectivistes, le progrès technique ne fera pas disparaître le travail. Il lui fera prendre des formes nouvelles qui conduiront à le distinguer plus difficilement de la consommation.

D'abord, les consommateurs resteront, avec les financiers, les maîtres de l'évolution de l'économie ; leurs intérêts passeront avant ceux des travailleurs. Ils joueront un rôle croissant dans la conception des objets, de plus en plus fabriqués en flux tendu, sur mesure, pour être accessibles à des consommateurs dont le pouvoir d'achat sera de plus en plus éparpillé entre des sollicitations de plus en plus diverses.

Certains progrès permettront au consommateur de travailler moins en utilisant certains objets. Par exemple, des voitures autoguidées permettront de ne plus avoir à conduire, du moins sur autoroute, pour réduire les coûts des accidents. D'autres objets, plus nombreux, conduiront en revanche les consommateurs à travailler plus, hors du lieu de travail.

Seront en effet fabriqués des objets nouveaux, qui changeront le rapport au travail. Ceux-ci permettront de miniaturiser les moyens d'informer, de distraire, de communiquer, de transporter, augmentant massivement l'ubiquité nomade et conduisant à la possibilité de travailler hors de toute entreprise.

Des matières plastiques spécifiques, récupérables et recyclables, permettront de transformer les vêtements en objets nomades qui seront autant de connexions aux outils de travail.

D'autres matières plastiques deviendront des écrans-papier, ce qui permettra de réaliser des murs-images dans les lieux publics et dans les maisons ; en seront bouleversées les façons de construire, d'habiter, de vivre, d'éclairer, de lire et de travailler dans le nomadisme.

Le travail des humains et celui des objets seront de plus en plus mêlés. Après l'Internet des personnes viendra l'Internet des objets. Il permettra de connecter non seulement les individus mais également les machines, que ce soit dans les usines, les magasins ou chez les consommateurs. Cela permettra aussi de tout connaître de celui qui travaille, consomme, travaille, voyage, se distrait.

De très nombreux autres métiers seront aussi développés pour faire face aux enjeux liés à la défense de l'environnement : surveillance des gaspillages, économies d'énergies, mise en place d'énergies d'avenir, nouveaux matériaux de construction, véhicules d'un genre inédit, systèmes de téléconférences, etc.

Vers 2040, des objets inédits prendront, comme moteurs de la croissance, le relais des automobiles, des machines à laver, des objets nomades : il s'agira d'objets de *surveillance* – des *surveilleurs*. Intégrés au corps d'une façon ou d'une autre, ils serviront de capteurs, de contrôleurs et de surveillants des travailleurs qui seront, comme les consommateurs et les citoyens, de plus en plus contrôlés par les États, les entreprises et les compagnies d'assurance.

Au total, il deviendra de plus en plus difficile de distinguer entre travail, consommation, transport, distraction et formation. On travaillera en consommant, en jouant, en se formant. Et on se formera en travaillant et en consommant. La généralisation des robots accentuera encore cette confusion.

3. L'avenir du travail industriel : robots et sobots

Dans les pays du Sud, l'essentiel du travail industriel sera encore consacré pendant très longtemps à produire à moindres coûts, sur les lieux de vie des nouveaux consommateurs, les objets que fabriquent aujourd'hui les usines d'Occident : automobiles, textiles, biens d'équipement ménagers, électroniques.

Cela ne touchera pas uniquement les produits consommés par les classes moyennes du Sud : le marché des plus pauvres, évalué aujourd'hui à plus de 5 trillions de dollars, sera de plus en plus satisfait par la production de biens industriels de qualité adaptés à leur pouvoir d'achat.

On assistera ainsi à l'explosion de la production industrielle dans le Sud et pour ses habitants avec des produits de consommation adaptés à leurs besoins et à leurs moyens. Ces biens seront fabriqués, pour certains d'entre eux, dans des usines qui emploieront les technologies les plus sophistiquées. Des centaines de millions d'emplois industriels seront ainsi créés pour satisfaire ces besoins de masse. D'autres emplois, plus nombreux encore, surgiront pour satisfaire des besoins plus traditionnels liés à la croissance démographique, en particulier à la croissance vertigineuse de la taille des villes du Sud : le bâtiment, la voirie, les grandes infrastructures, la mécanique automobile, l'artisanat.

Les travailleurs de l'industrie seront aussi, pour certains, occupés à concevoir et produire des machines remplaçant le travail humain et réduisant la pénibilité du travail. Le travail industriel sera de plus en plus robotisé. Les robots industriels – c'est-à-dire les machines accomplissant les tâches des ouvriers sur les chaînes de production – seront de plus en plus utilisés pour augmenter la productivité de l'industrie de masse. Ces robots sont déjà très présents dans l'industrie automobile ; leur nombre, aujourd'hui, évalué à un million dont la moitié au Japon, augmente d'au moins 30 % par an à l'échelle mondiale. Leur production est pour l'instant dominée par des acteurs japonais (Epson, Kawasaki, Yaskawa Electric Corporation), ainsi que quelques Allemands et Suisses (Kuka, ABB).

Dans les années à venir, leur usage se généralisera dans toutes les usines du monde, supprimant des millions d'emplois industriels. Ces robots seront de plus en plus miniaturisés et sauront remplir des tâches de plus en plus précises : prolongement du bras articulé des robots actuels par une main articulée pour l'automatisation de fabrications plus évoluées ; guidage et traitement visuel pour le comptage de produits ou la lecture de numéros de série. On intégrera de plus en plus d'intelligence artificielle dans les robots et on aura même de plus en plus d'usines sans ouvriers, qui sauront fabriquer des objets sur mesure.

D'autres robots seront utilisés en chirurgie. D'autres, enfin, organiseront le contrôle des flux d'énergie, celui des mouvements de populations et de marchandises. La mise au point, l'usage et la maintenance de ces robots occuperont des travailleurs de plus en plus nombreux, du gardiennage à la surveillance des réseaux de toutes natures.

Vers 2050 surgira un robot d'un genre nouveau : le Sobot (Software robot), sur lequel travaille le laboratoire RIT (Robot Intelligent Technology) de la KAIT (Korea Advanced Institute of Technology) : c'est un logiciel évolutif, une intelligence artificielle fondée sur un algorithme imitant le génome humain, un « esprit numérique » sans incarnation physique, travaillant dans l'univers virtuel. Le premier modèle, Rity, prend l'apparence d'un chien lorsqu'il se matérialise sur un écran ; il est constitué de 14 « chromosomes numériques » où sont encodés 77 comportements qui lui permettent d'acquérir, au gré des comportements de son propriétaire, une véritable personnalité. À terme, les successeurs de Rity auront chacun une personnalité et une apparence propres, qui évolueront avec le temps en fonction de leur environnement et de leur dressage.

La caractéristique majeure des Sobots est qu'ils pourront se déplacer sur tous les réseaux numériques et suivre leurs maîtres dont ils connaîtront la localisation à l'aide de capteurs numériques (caméras numériques de surveillance, traces numériques laissées par leurs maîtres lorsque ceux-ci utilisent leur téléphone mobile ou l'Internet des objets). Les sobots se matérialiseront alors sur tout terminal numérique (téléphone, ordinateur, TV, objets nomades ad hoc).

Les conséquences de la « sobotique » sur le travail domestique et l'environnement bureautique seront énormes.

Dans la maison, le sobot pourra suivre son maître à l'aide de capteurs biométriques et coordonner les robots dédiés aux tâches ménagères, en fonction des commandes vocales de son maître ou par simple déduction de ses déplacements. Au travail, le sobot pourra suivre son maître dans les couloirs de son entreprise, communiquer son identité aux systèmes de contrôle et de surveillance de l'immeuble, sans qu'il ait à insérer un seul badge ou saisir un seul code ; une fois le maître installé à son poste de travail, le sobot s'insinuera dans l'ordinateur de bureau pour l'allumer, ouvrir la page d'infos personnalisée ou les rendez-vous de la journée, et servir d'assistant à son maître.

Pour mettre au point ces robots et ces sobots, puis les faire fonctionner, il faudra développer massivement des industries liées à l'informatique, à l'électronique, aux neurosciences, à la génétique et à bien d'autres savoirs.

Cela conduit à conclure que dans les pays les plus avancés – là où s'établiront l'essentiel de ces entreprises d'avant-garde, comme la Californie –, les cinq professions les plus demandées dans les quinze prochaines années seront, en dehors des services les plus simples, cinq professions de l'informatique : ingénierie en informatique, services d'appui en informatique, analystes de systèmes, administrateurs de bases de données et spécialistes de production assistée par ordinateur.

De fait, partout les besoins en informatique vont croître énormément. Avec une croissance de 30 %, le secteur informatique indien, par exemple, devra beaucoup recruter : il occupe en 2007 un million de personnes ; en 2010, il devrait en employer 2,5 millions, soit 500 000 de plus par an. Or le pays n'en forme que 400 000 chaque année et les trois quarts de ces jeunes diplômés, de niveau très inégal, sont immédiatement recrutés par les sept plus grosses entreprises du pays. De plus, beaucoup de ces cadres veulent quitter l'Inde : à Bangalore, quartier général des grandes sociétés informatiques indiennes, le taux d'« usure » des effectifs est considérable en raison des conditions de travail, de l'insuffisance des infrastructures routières et des problèmes d'aménagement urbain. Dans le secteur des centres d'appel, à Bangalore, le taux de turn-over est si élevé (près de 40 %) que les grosses entreprises locales commencent à délocaliser vers la Chine. Les besoins en cadres informatiques vont donc être très difficiles à satisfaire et leur coût va augmenter, réduisant l'intérêt de la délocalisation, en particulier pour les métiers d'interface entre informaticiens et utilisateurs.

Par ailleurs, ces professions vont jouer un rôle très important dans le développement des univers du virtuel.

4. *Les futurs métiers du virtuel*

Le monde virtuel deviendra un considérable gisement d'emplois. Aujourd'hui espace de distraction, le virtuel sera de plus en plus un espace de travail où des travailleurs réels viendront trouver un espace d'action ; et où des millions, puis des milliards de travailleurs virtuels travailleront aussi pour le compte d'entreprises, réelles ou virtuelles. Déjà, dans des jeux comme *Second Life*, six millions de participants s'échangent près d'un million de dollars chaque jour ; plus d'un millier de personnes vivent déjà de leurs activités sur Second Life, certains ayant même quitté leur emploi principal pour se consacrer à ce travail « virtuel ». Des entreprises réelles s'y sont installées : American Apparel y a ouvert une boutique ; la banque Wells Fargo y a acheté une île ; Toyota y teste un nouveau modèle de voiture ; Harvard y propose des cours de droit. Une section d'eBay est consacrée au commerce de biens et de personnages virtuels. Certains vendeurs créent des sociétés produisant des objets virtuels ou augmentant le niveau des avatars que certains joueurs leur confient. Une Allemande d'origine chinoise – connue par son double virtuel, Anshe Chung – y fait de la promotion immobilière sur des terrains virtuels. Sa société, Anshe Chung Studios, installée en Chine, emploie une vingtaine de personnes pour concevoir et commercialiser des maisons virtuelles louées ou vendues à des résidents de *Second Life*. Ses activités augmenteraient de l'ordre de 10 % par mois.

Viendra le moment où il sera nécessaire de professionnaliser davantage ce monde virtuel : on y verra apparaître les copies de très nombreux métiers traditionnels (agents de tourisme, agents immobiliers, conseillers en investissement) ; on y voit déjà apparaître des agences de placement, tous les métiers du réel, de la médecine à l'éducation, de la production d'objets industriels à la collecte d'impôts, pourront être dupliqués dans l'univers virtuel. La création et la gestion de marques y deviendront des métiers à part entière. Des professions encore totalement inconnues y surgiront pour optimiser le profil des avatars, les gérer en l'absence de leurs propriétaires, améliorer leur notoriété.

Au total, le potentiel de croissance de ces métiers est considérable (le territoire de *Second Life* – actuellement équivalent à la superficie du Luxembourg – s'élargira à l'infini). On verra aussi apparaître dans le champ du virtuel des activités beaucoup plus proches du réel : simulation de flux urbains, simulation de guerres, modélisations des conséquences de politiques économiques et sociales, production virtuelle de biens, virtuels ou réels, consommés dans le monde.

Il n'est pas exclu que le nombre de travailleurs virtuels soit rapidement du même ordre de grandeur que celui des travailleurs réels. Ils rencontreront le même genre de problèmes. Un droit du travail virtuel devra être mis en place ; des services réels seront développés au profit des travailleurs de l'univers virtuel.

5. *Le futur des services de souveraineté*

Pendant encore quelques décennies, les services de souveraineté seront en considérable expansion et on peut donc s'attendre à une croissance persistante des fonctions publiques dans les domaines de la santé, de l'éducation, de la sécurité, de la justice, de la police et de l'armée.

Puis l'État distinguera progressivement, parmi ces fonctions, celles qui se trouvent véritablement au cœur de la souveraineté, pour lesquelles il assurera à ses collaborateurs un statut de droit public. Cela concernera surtout les fonctions de protection et de gestion des relations extérieures. Pour les autres employés des services publics, quel que soit leur niveau hiérarchique, le droit applicable sera de plus en plus le droit privé. Pour tous ces agents du service public, ou plutôt pour ceux qui viendront les remplacer à leur retraite, l'emploi ne sera plus à vie. Les services publics seront dès lors de plus en plus exercés par des agents ne bénéficiant plus de la garantie de l'emploi.

Des services privés géreront ensuite les droits sociaux et les services administratifs : on pourra, en payant plus cher, recevoir plus rapidement un document administratif ou une allocation ; c'est déjà le cas en Grande-Bretagne.

Une part importante de ces services pourra aussi être rendue de façon automatisée par une administration électronique. Ce sera en particulier le cas des services fiscaux ainsi que des allocations sociales.

Au total, les services publics connaîtront encore pendant vingt ans une forte croissance de leur personnel, mais celui-ci décroîtra massivement ensuite.

6. Les futurs services à haute valeur ajoutée

D'autres services privés à très haute valeur ajoutée, et très bien rémunérés, se développeront. Les besoins en logiciens de haut niveau deviendront de plus en plus cruciaux. Et leur rémunération devra beaucoup augmenter. Il faudra de plus en plus de créateurs de logiciels, d'organisateurs d'architectures informatiques, de mathématiciens, de spécialistes des virus et des univers virtuels, et bien sûr de techniciens informatiques de très haut niveau pour assurer la maintenance des innombrables robots, logiciels, systèmes de télécommunications et espaces virtuels, puis dans la gestion des capitaux, dans l'assurance, la direction des grandes entreprises. Les métiers de gestion des risques et d'évaluateurs de risques, de spécialistes des fusions-acquisitions, de gestionnaires de fonds, d'analystes financiers, seront de plus en plus recherchés, pas seulement dans quelques capitales financières.

Les services de spectacle vivant revêtiront une très grande importance. Se développeront des firmes d'événementiels, d'organisation de spectacles. Ce qui entraînera l'essor de certains métiers liés aux spectacles : artistes, régisseurs, acousticiens, etc. Le modèle du Cirque du Soleil sera de plus en plus généralisé.

Les besoins en professionnels médicaux de

haute volée et très bien rémunérés seront de plus en plus considérables afin de prendre soin des gens les plus riches du monde. De même, les professeurs et chercheurs de très haut niveau, employés dans des centres de recherche et des universités privés, seront de mieux en mieux payés.

Le tourisme et le voyage professionnel deviendront des activités plus importantes encore, tout comme les métiers de luxe (artisanat, art, joaillerie, activités esthétiques). Des agences spécialisées enverront des touristes très fortunés dans des hôtels placés en orbite ; elles organiseront des voyages à destination de la Lune, puis de Mars.

7. Des services aux machines de surveillance

Dans les pays les plus développés et pour certaines catégories de populations, les employés des services publics ou des services privés, les ingénieurs ou les fonctionnaires seront progressivement assistés puis remplacés – comme ce fut le cas dans les transports,

les services domestiques, la communication –
par des machines produites en série, ce qui
ouvrira une nouvelle fois aux entreprises
industrielles de nouveaux marchés, augmentera la productivité de l'économie et bouleversera la nature du travail.

Ce sera d'abord le cas avec la bureautique :
50 % du personnel affecté aujourd'hui au
secrétariat disparaîtra. Des logiciels conduiront
également à industrialiser une large part des services administratifs, des relations avec les clients
des entreprises et des États. D'autres permettront de mieux fabriquer des logiciels, et réduiront d'autant les besoins en programmeurs.

Des robots seront aussi utilisés dans les
services et remplaceront des emplois de fonctionnaires ou d'agents de services privés. En
Corée, la poste en emploie déjà pour accueillir les clients, les renseigner, les guider dans
leurs démarches, et au besoin les distraire.
De nombreuses banques remplaceront les
agences par des automates placés dans les
commerces, et fermeront un grand nombre
de leurs implantations spécifiques. On verra
surgir de tels robots dans la gestion de la
santé (sous forme de prothèses), dans la sécu-

rité (sous forme de robots de surveillance), et dans la distraction (sous forme de compagnons de jeu, virtuels ou réels).

Au Japon, des robots font déjà office de réceptionnistes dans les hôpitaux : à l'hôpital d'Aizu, dans le centre du Japon, deux « Ubiko », robots assistants fabriqués par la société Tmsuk, accueillent les visiteurs, répondent aux questions, portent leurs bagages et les guident dans l'enceinte de l'hôpital. D'autres robots permettront à un cadre de participer virtuellement à plusieurs réunions et d'y suivre ce qui s'y passe simultanément. D'autres encore – robots personnalisés – aideront les invalides, mais aussi les valides dans leur vie quotidienne.

Certains seront utilisés à domicile comme aides-ménagères ; ils n'embarqueront que la technologie nécessaire à leur mobilité et recevront les capacités du réseau très haut-débit auquel ils seront connectés par des capteurs. Ces robots dits « légers » pourront être vendus à un prix raisonnable et bouleverseront le secteur des services de proximité. Le « Intelligent Service Robot Project » du ministère de l'Information et de la Communication coréen projette d'ailleurs d'équiper chaque foyer d'un robot domestique d'ici l'an 2020.

Un processus complémentaire se déroulera en deux étapes : il fera apparaître de nouveaux métiers de service pour les remplacer ensuite par des machines. Ainsi apparaîtront d'abord des métiers de service de *surveillance*, puis seront fabriqués des objets de *surveillance* qui transformeront une fois de plus les consommateurs en travailleurs.

Des compagnies privées de sécurité, de police et de renseignement concurrenceront les polices nationales dans la surveillance des mouvements et des données pour le compte de compagnies d'assurance et d'entreprises qui voudront tout savoir de leurs employés, de leurs clients, de leurs fournisseurs, de leurs concurrents, de leurs risques, et qui souhaiteront protéger leurs actifs matériels, financiers, intellectuels contre diverses menaces.

Les compagnies d'assurance exigeront non seulement que leurs clients paient leurs primes (pour prémunir contre la maladie, le chômage, le décès, le vol, l'incendie, l'insécurité), mais elles vérifieront aussi qu'ils se conforment, dans leur travail et leurs loisirs, à certaines *normes* afin de minimiser les risques qu'elles auront à couvrir. L'ignorance, l'exposition aux risques, les gaspillages, la vulnérabilité seront assimilés à des maladies. Les entreprises devront aussi obéir à des normes afin de réduire les risques de catastrophes industrielles, d'accidents du travail ou d'agressions externes, voire de gaspillages de ressources réelles. De nombreux emplois seront créés pour organiser la vigilance, la sécurité, le contrôle.

Les entreprises seront donc tenues à la fois de respecter les normes que leurs imposeront les compagnies d'assurance, et d'imposer à leurs collaborateurs, dont ils paieront une partie des cotisations, de respecter d'autres normes : surveiller sa santé, son savoir, entretenir ses biens, sa vigilance, se soigner, se former, se protéger – et plus généralement être *en forme* – deviendront des activités socialement et professionnellement nécessaires.

Puis des robots permettront d'automatiser la surveillance pour le compte des assureurs, et on ira jusqu'à la surveillance des surveilleurs.

On en viendra, par le biais de l'Internet des objets, à tout savoir des gens qui consomment et travaillent.

8. *Les services à la personne*

La plupart des métiers de service qui se développeront dans le monde au cours des quarante prochaines années seront des métiers à bas niveau de revenu.

En Amérique et en Europe, sur les vingt métiers dont la croissance sera la plus rapide au cours des dix prochaines années, dix seront payés moins de 10 dollars de l'heure : serveurs, manutentionnaires, portiers ; environ 40 % des emplois qui seront créés au cours des dix prochaines années ne requerront pas d'études particulières ; 25 % nécessiteront en revanche un niveau supérieur à la licence ; 35 % d'emplois requerront un niveau d'études intermédiaire[1].

---

1. Symposium « L'Avenir du travail, de l'emploi et de la protection sociale », Annecy, 2001.

L'hôtellerie, les transports, le tourisme de masse se developperont par ailleurs de plus en plus et occuperont directement ou indirectement des masses de plus en plus nombreuses de travailleurs. Beaucoup de touristes viendront en effet des classes moyennes des pays du Sud vers les pays du Nord, en particulier vers l'Europe qui y trouvera un nouvel et formidable gisement d'emplois. Les centres de transport (gares, aéroports, etc.), de même que certains centres commerciaux et hôtels deviendront des plates-formes de services personnels et professionnels pour les nomades.

Quand la globalisation aura fini d'imposer la loi du marché et d'affaiblir les États, les services publics d'éducation, de soins, de sécurité, puis de justice et de souveraineté, commenceront à être concurrencés par des entreprises privées. Les États seront alors tenus de traiter les chaînes de cliniques étrangères comme les hôpitaux publics, et, de même, les filiales d'universités privées étrangères comme les universités nationales. Les emplois de service, d'éducation et de santé seront alors de plus en plus précaires et mobiles, à l'instar de ceux de l'industrie, avec de moins en moins d'emplois de fonctionnaires et de plus en plus de contractuels au statut de droit privé.

Par ailleurs, les progrès de la santé conduiront dans les prochaines décennies à un allongement de la vie de la population et à l'augmentation du nombre des personnes plus âgées en situation de dépendance : dans les pays riches, la proportion des personnes de plus de 80 ans pourrait se situer en 2050 entre 9 et 12 % de la population, alors qu'elle en représentait à peine 2 % en 1950. Le vieillissement de la population du monde au cours des cinquante prochaines années (sauf en Inde et en Afrique où le vieillissement sera plus tardif) poussera à la naissance d'une infinité de nouveaux métiers voués à contribuer au mieux-être à domicile : aide aux personnes dépendantes, garde d'enfants, soutien scolaire, cours particuliers, soutien psychologique, gérontologues, gestionnaires et employés d'institutions de retraite, assistance médicale, etc.

Déjà, aux États-Unis, 60 % des salariés ont accès à des services à la personne au sein même de l'entreprise ; 40 % de ces services personnalisés rendus en entreprise le sont à des fins de gestion du stress. Selon l'OCDE, les services dits « relationnels » – parce qu'il y a interaction directe entre le prestataire et le destinataire – occupent déjà plus de 30 % de la population active des pays du Nord, contre 20 % en 1970.

La disparition des services non marchands rendus par la famille entraînera le développement d'une demande de besoins spécifiques. Tout comme la dissolution des liens avec la famille éloignée s'accompagne du développement de la machine à laver et du téléviseur, l'évolution à venir verra l'émergence de nouveaux services relationnels, substituts aux activités familiales (ménage, repassage, assistance informatique, réparations diverses, soins esthétiques, livraisons de repas, gardiennage, conseil en aménagement, jardinage, bricolage).

Le stress produira le besoin d'autres services relationnels, essentiellement pour donner du sens au temps : plus de la moitié des Européens et davantage encore d'Américains se disent pressés par le temps ; 35 % des familles européennes ont le sentiment de manquer de temps alors même que le temps libre a augmenté de deux heures par jour au cours des trente dernières années ; 20 à 30 % des Européens se disent régulièrement stressés[1]. En Europe, le stress serait même la cause de 30 % des arrêts maladie et représenterait un coût de l'ordre de 20 milliards d'euros[2]. Les gens aspireront encore à dégager du temps pour s'occuper d'eux-mêmes de leurs enfants, de leurs parents, de tout ce qui leur tient à cœur.

Ils loueront des services à la personne, qui seront l'une des réponses à ces nouveaux enjeux.

9. Les entreprises et travailleurs nomades

Les petites et moyennes entreprises, n'employant pas un nombre de travailleurs supérieur au millier, seront de plus en plus

---

1. *Évolution des modes de vie en Europe*, Eurobaromètre/Vision, 2004.
2. European Agency for Safety and Health at Work, 2001.

nombreuses. Elles continueront de fonctionner selon un style pyramidal et avec un commandement classique. Chez la plupart des autres, cette immense mutation des savoirs, des populations, des métiers, conduira à transformer profondément l'organisation du travail.

D'abord la vitesse des innovations s'accélérera, et, avec elle, la rapidité des changements dans les organisations et dans le travail lui-même : le cycle allant de la création à la production puis à la commercialisation des produits alimentaires et des vêtements passera de un mois à quatre jours ; celui de l'automobile et de l'électroménager, déjà réduit de cinq à deux ans, ne sera bientôt plus que de six mois ; celui des médicaments passera de sept à quatre ans. La durée de vie des marques sera elle aussi de plus en plus brève ; seules les mieux installées et les plus mondialisées résisteront à cette noria du nouveau. La durée de vie des immeubles et des maisons tendra elle aussi à se réduire. Le travail créatif sera donc, comme depuis toujours, la principale source de richesses, le lieu principal du profit et des hauts revenus. Les organigrammes devront évoluer à très grande vitesse ; les compétences devront être sans cesse réactualisées ; les mécanismes de diffusion de divers savoirs devront se développer pour que chacun puisse connaître les innovations des autres unités de l'entreprise et pour que celle-ci dispose des outils de veille technologique tournés vers l'extérieur.

Les plus grandes entreprises ne seront plus que des « ensembliers » réunissant des modules fabriqués par des sous-traitants spécialisés. Les entreprises intégrées disparaîtront au profit d'autres, plus spécialisées, à organisation décentralisée, et externaliseront leurs activités non stratégiques, extérieures au cœur de leur activité. Le travail « hors les murs » se développera d'autant. Le télétravail et la vidéo-conférence permettront à une entreprise et à ses cadres de s'organiser sans contraintes d'horaire et de lieu, dans l'intérêt de l'entreprise, de ses salariés et de ses clients.

Beaucoup d'entreprises commenceront à ne plus avoir de base sédentaire et à être, comme leurs salariés, de plus en plus nomades, virtuelles, délocalisées. À l'horizon 2050, dans les pays du Nord, 20 % des entreprises seront nomades, employant des salariés également nomades ; 40 % des sièges sociaux traditionnels d'aujourd'hui auront disparu ; 95 % des entreprises auront équipé leurs salariés d'équipements connectifs. Ces entreprises se détacheront d'une base nationale et deviendront totalement nomades ; elles dureront en général beaucoup plus longtemps que les empires financiers ou les fonds d'investissement qui n'en seront que temporairement propriétaires. Elles cesseront d'être hiérarchisées pour devenir labyrinthiques ; d'être uniformes pour devenir des conglomérats d'entreprises locales produisant, à la demande, des biens sur mesure. Ce seront, pour l'essentiel, des réseaux de travailleurs nomades aux contrats de travail extrêmement ténus.

Pour garder ceux de leurs collaborateurs auxquels elles tiendront – cadres ou personnel d'encadrement, découvreurs de talents, etc. –, elles leur offriront tout ce qu'un État leur procurait : du cadre de vie à la sécurité, de l'assurance à la formation. Des services spécifiques seront proposés à ces nomades : ouverture jour et nuit, qualité de service absolue, surpuissance technologique, etc.

Ces entreprises seront donc soit des regroupements provisoires de travailleurs nomades, soit des rassemblements durables de tribus de travailleurs nomades. Dans l'un ou l'autre cas, les statuts des salariés y seront de plus en plus précaires.

Les entreprises de la première catégorie, les plus nombreuses, organisées sur le modèle des *troupes de théâtre*, rassembleront – rassemblent déjà – des compétences et des capitaux aux fins de remplir une tâche déterminée pendant un temps limité. Ces entreprises mobiliseront des salariés sur des projets sans cesse changeants dans un environnement chaotique. Leur durée de vie dépendra des projets de ceux qui les auront fondés, de leurs capacités à inventer des produits nouveaux, de la décision de leurs financiers et de celle de leurs clients. Leurs employés seront des intérimaires embauchés pour remplir une tâche donnée pendant un laps de temps donné. Comme l'espérance de vie des gens aura beaucoup augmenté, ces entreprises vivront bien moins longtemps que ceux qu'elles emploieront. De plus en plus contraint par les exigences de la rentabilité, du juste à temps, du sur mesure, le travail de ceux-ci sera de plus en plus stressant, flexible et précaire, surveillé, changeant, nomade. Ces « troupes » (ces entreprises) joueront dans des « théâtres » (des marchés) qui les accueilleront aussi longtemps qu'elles auront des « spectateurs » (des clients). Elles se disperseront après avoir monté une « pièce » (un produit) ou plusieurs. Les microentreprises, composées d'un ou de quelques employés, constitueront l'essentiel de ces « compagnies théâtrales ». Certaines seront même de minuscules multinationales composées de quelques associés localisés en tous lieux de la planète.

Les entreprises de la seconde catégorie, beaucoup plus rares, seront durablement organisées selon le modèle des *cirques* ou *des studios de cinéma,* c'est-à-dire autour d'un nom, d'une histoire, d'un projet. Ces firmes seront en fait des assembleurs, des « ensembliers » réunissant des modules fabriqués par des sous-traitants spécialisés, eux-mêmes « troupes de théâtre » en compétition impitoyable les unes avec les autres. La première qualité de ces entreprises sera de savoir sélectionner les « spectacles » à proposer chaque saison. Elles regrouperont leurs employés, engagés selon des statuts et avec des contrats d'intermittents tout aussi précaires que ceux des autres firmes, en plusieurs troupes (chacune employée de façon temporaire et sans cesse remplacée par d'autres). Les emplois, les formes de travail, les attractions, les cultures, les langues, les localisations y seront mobiles et éphémères. Elles intégreront de plus en plus leurs clients dans le processus de décision et de création comme le font déjà certaines sociétés telles Lego pour sa R&D, ou Boeing pour la décoration de ses avions.

Les innovations y seront de plus en plus rapides. Zara, parmi d'autres, préfigure cette « entreprise-cirque » au rythme accéléré : alors que d'autres entreprises d'habillement continuent à suivre le modèle conventionnel de quatre collections par an, les collections de Zara changent en permanence, et les stocks sont renouvelés toutes les deux semaines. Deux cents designers de par le monde créent douze mille modèles différents par an ! Chez Zara, le temps écoulé entre la conception d'un nouveau modèle et sa fabrication n'est que de cinq semaines, alors qu'il est de neuf mois chez la plupart de ses concurrents[1].

Le principal actif de telles firmes sera leur marque, qu'elles protégeront et feront vivre afin de susciter le désir de leurs futurs produits auprès des consommateurs. On les verra surgir dans les domaines de l'alimentation, l'équipement ménager, la téléphonie mobile, l'informatique, la santé, le jeu, le vêtement, le transport, le tourisme, la distribution, la beauté, la forme, la distraction, l'énergie, l'information, la finance, l'assurance, la défense, l'environnement, la sécurité privée, le mercenariat, l'arbitrage, les surveilleurs, les infrastructures de réseaux, les équipements urbains, les transports et la communication. Des « cirques » auront l'audace et l'intelligence de changer radicalement de secteurs et d'employés comme l'ont fait Nokia ou General Electric.

Les premiers « cirques » seront essentiellement d'origine américaine ou rattachés à des valeurs américaines ; car c'est là que se

---

1. Symposium « *Offshoring and the Internationalization of Employment* », Annecy, 2005.

trouveront les entités les mieux capables de réunir durablement les moyens d'un projet d'entreprise de taille mondiale. Peu seront européens. Certains seront ensuite indiens, brésiliens, japonais, chinois, russes, mexicains.

D'aucuns iront – vont déjà, pour certains – jusqu'à créer leur propre monnaie afin de fidéliser leurs fournisseurs, leurs salariés et leurs clients. Ils commenceront par le faire sous forme de « points » offerts en cadeau ou en prime à leurs employés et clients ; puis ils organiseront la transférabilité de ces points hors de leurs propres circuits. Ils auront aussi leur propre droit du travail, leur propre système de soins et de retraites. Bientôt, personne, pas même le gouvernement des États-Unis, ne pourra enrayer ce mouvement.

10. Les dirigeants d'entreprise

Les dirigeants des grandes firmes devront gérer des processus de production de plus en plus flexibles, des équipes de commercialisation de plus en plus autochtones et locales, des marketings de plus en plus spécifiques, avec, au centre, des équipes vouées exclusivement à la coordination mondiale et à la gestion des personnels. Ils seront de plus en plus jugés sur des critères de court terme ; ils ne resteront en poste qu'aussi longtemps qu'ils répondront à ce qu'attend un marché versatile. Ils devront cependant avoir le temps de penser le long terme et être sans cesse en quête de nouvelles « attractions ». Ils devront tout faire pour développer la créativité de leurs collaborateurs, même de passage, et la loyauté de leurs clients, même épisodiques. Ils ne se distingueront plus par leurs capacités financières, mais par leur faculté d'entraînement et de créativité, leur capacité à valoriser les compétences et à en faire profiter l'organisation. Ils seront de plus en plus interpellés par des associations, des groupes de pression, des organisations non gouvernementales et conduits à faire la preuve de leur responsabilité envers leurs employés, leurs clients, leurs sous-traitants, leur environnement. Ils seront de plus en plus impliqués dans des réseaux externes à l'entreprise.

La différence de revenus entre les grands

dirigeants et les autres salariés, aujourd'hui très importante, continuera d'augmenter : alors qu'en 1970 les cent plus grands dirigeants d'entreprise américains percevaient un salaire moyen 39 fois supérieur au salaire national moyen, ce multiplicateur dépasse aujourd'hui les mille. Il continuera de progresser.

Les actionnaires des grandes sociétés seront eux-mêmes de plus en plus volatils, capricieux, déloyaux, indifférents aux exigences à long terme des entreprises dans lesquelles ils investissent, seulement soucieux des avantages immédiats qu'ils peuvent en retirer. Les banquiers exigeront que les entreprises rendent des comptes à intervalles de plus en plus rapprochés. Certaines passeront sous contrôle de fonds d'investissements à la nationalité indiscernable, qui accumuleront leurs profits dans des paradis fiscaux. Le système financier, de plus en plus concentré autour d'institutions mondiales, sera l'actionnaire principal.

Les conseils d'administration seront de plus en plus composés de professionnels de la gouvernance. Ils devront prendre toutes les dispositions nécessaires pour qu'une transparence totale prévale en matière de revenus des dirigeants, y compris pour ce qui a trait aux accords passés en cas de départ de ces derniers. Ils devront également s'assurer que les dirigeants respectent scrupuleusement les règles éthiques, du droit du travail, des conditions de négociation avec les syndicats, de gestion des licenciements et des carrières. Ils y seront contraints par l'opinion, et donc par les pouvoirs publics de tous pays qui seront progressivement obligés, à la manière de ce qui s'est passé dans le sport américain, d'instaurer des « *salary caps* ».

11. La généralisation de l'auto-emploi et du travail précaire

Sur la planète, près de 3 milliards de personnes sont auto-employées dans l'agriculture, le commerce, l'artisanat, la petite industrie, les services de toute nature. Longtemps, elles continueront à former le « cœur » du travail mondial. En 2000, 17 % d'Européens exerçaient ainsi un travail indépendant[1]. Ces microentreprises vont du commerce de proximité à la haute technologie en passant par les professions médicales et juridiques. C'est aussi parmi ces travailleurs auto-employés, artistes ou spécialistes de technologies rares, qu'on trouve ceux dont les revenus sont et seront encore demain les plus élevés.

Les métiers à vie vont disparaître au profit de formes de travail plus flexibles, donc plus précaires. L'engagement réciproque des entreprises envers les travailleurs et des travailleurs envers leur employeur sera moins solide, empreint de moins de loyauté.

Les métiers manuels, au sein desquels les travailleurs sont confrontés à la répétition des gestes ou soumis à des tâches fatigantes, progresseront encore. La pénibilité du travail augmentera en proportion de l'exacerbation de la concurrence, de l'intensité du travail, de la surveillance des salariés.

Entreprises et emplois seront de plus en plus flexibles, mobiles, nomades, précaires. Dans de nombreux cas, les entreprises sous-traiteront des fonctions exercées jusque-là en

---

1. Symposium « L'Avenir du travail, de l'emploi et de la protection sociale », Annecy, 2001.

interne à des consultants installés dans leurs propres locaux. Les salariés d'entreprise seront de plus en plus souvent considérés comme des indépendants agissant en consultants, chacun n'étant plus qu'employé de lui-même. Déjà, dans la Silicon Valley, un ingénieur en logiciel passe rarement plus de deux ans dans la même entreprise, et il est plutôt considéré comme un consultant louant ses services à une société. Plus généralement, près de la moitié des travailleurs de Californie restent en moyenne moins de deux ans chez le même employeur[1] et évoluent vers une situation identique à celle des indépendants.

Désormais, la précarité constitue donc une donnée de fond. En Europe, elle concerne près d'un emploi sur cinq et va s'intensifier.

Les femmes sont encore moins susceptibles que les hommes d'occuper un emploi stable, régulier et rémunéré ; elles restent souvent cantonnées dans les professions les moins qualifiées et les plus précaires de l'échelle salariale.

---

1. *Labor in the New Economy : Lessons for Labor Organizing in Silicon Valley*, C. Benner & A. Dean, 2000.

Ainsi, au Royaume-Uni, 60 % des travailleuses sont aujourd'hui réparties dans une dizaine de professions particulièrement mal rémunérées : les services à la personne, les emplois de caissière, la restauration, le nettoyage, le travail de bureau, etc.[1]. On assistera à un vrai changement le jour où les femmes auront accès massivement à d'autres métiers, mais cela pourra signifier aussi que les métiers en question seront en voie de déclassement, comme ce fut le cas pour les professions de santé et d'éducation.

12. Les migrations du travail

D'amples migrations de travailleurs auront lieu au sein des pays du Sud, entre ces mêmes pays, et vers les pays du Nord.

Aujourd'hui, 150 millions de personnes vivent dans un pays différent de celui de leur naissance. En 2050, les expatriés seront dix fois plus nombreux.

---

1. *Changements dans le monde du travail*, Bureau international du travail, 2006.

Pour l'essentiel, ces migrants se déplaceront des campagnes vers les villes à l'intérieur d'un même pays. Les villes deviendront à dominante masculine, cependant que les campagnes resteront à dominante féminine. Puis, beaucoup de ces travailleurs quitteront un pays du Sud pour un autre, avant de gagner un des pays du Nord ; on assistera en particulier à de grands mouvements de travailleurs à l'intérieur de l'Afrique, entre pays d'Amérique latine, de l'Inde vers les pays du Golfe et les autres pays anglophones, de la Chine vers la Sibérie russe.

Ces migrants occuperont les fonctions les plus pénibles : construction, gardiennage, voirie, entre autres métiers exigeant beaucoup d'efforts. On verra aussi des médecins du Sud devenir chauffeurs de taxi dans les pays du Nord avant d'être admis à exercer leur vrai métier. La plupart de ces migrants étant particulièrement entreprenants, on les trouvera assez vite dans des commerces, divers artisanats, voire des métiers plus sophistiqués.

On peut penser que des dizaines de millions de travailleurs du Sud privés de toute formation s'installeront chaque année au Nord. Mais on verra aussi arriver dans les pays du Nord un certain nombre de cadres venus du Sud, en particulier dans les domaines de la santé ; ils finiront par trouver un poste dans leur secteur de compétence et viendront remplacer les médecins partis à la retraite que les générations nouvelles ne suffiront pas à renouveler.

On verra aussi des cadres venir du Sud pour occuper, au Nord, des fonctions de médecins, d'enseignants, de chercheurs, d'informaticiens. Ainsi 20 % des 20 millions d'Indiens qui vivent à l'étranger sont des travailleurs qualifiés, notamment dans les secteurs de l'informatique et des télécoms ; leurs revenus représentent au total quelque 160 milliards de dollars[1].

Une partie de ces cadres qualifiés venus des pays du Sud vers ceux du Nord reviendront dans leur pays d'origine quand la croissance y aura créé des besoins dans ces métiers : 25 000 informaticiens indiens ont déjà regagné leur pays entre 2001 et 2004. Plus de 10 000 autres reviennent chaque année à Bengalore, acceptant, ce faisant, une

---

1. *India Today*, octobre 2002.

perte de salaire de l'ordre de 30 à 40 %[1]. Comme les autres pays du Sud, l'Inde cherchera, à garder ses talents, mais on a vu plus haut combien pèseront lourd sur ces retours les conditions de travail et de vie.

Le Canada, ayant perdu une part importante de ses travailleurs qualifiés, exilés aux États-Unis, leur a proposé de revenir en bénéficiant d'une exemption fiscale de trois ans. La Chine, la Corée du Sud, Taïwan deviendront elles aussi des terres d'accueil de cadres. Alors que 88 % des étudiants chinois ayant obtenu un PhD sont encore aux États-Unis cinq ans après avoir reçu leur diplôme, ce pourcentage est en baisse régulière depuis 2000[2], et diminuera de plus en plus. Un nombre croissant de citoyens des États-Unis, d'Europe et d'Afrique chercheront un emploi dans les pays tels que l'Inde, la Chine, l'Australie, voire l'Afrique.

---

1. *Indian IT pros heading back on home attraction*, Hindu Business Line, décembre 2004.

2. *Competing for Global Talent*, Bureau international du travail, 2006.

Au total, en 2007, 5,5 % des travailleurs qualifiés dans le monde sont nomades ; ils seront au moins 15 % en 2050. Le savoir créatif, sera de plus en plus rare, mobile et de plus en plus courtisé.

Les pays en forte croissance rivaliseront pour accueillir cette immigration qualifiée et mettront en place des programmes attractifs en matière financière, sociale, fiscale, familiale, comme le font déjà aujourd'hui l'Australie, la Nouvelle-Zélande et le Canada. Dans ce dernier pays, le gouvernement a sélectionné sept domaines pour lesquels il accorde des permis de travail à des étrangers, en permettant même à leur compagnon de travailler sans permis. La province de Québec invite ainsi des professeurs étrangers dans les métiers de la santé en leur accordant une exemption fiscale de cinq ans. En 2000, l'Allemagne a créé un « supervisa » (abandonné depuis lors) ouvert à ceux pouvant justifier d'un revenu annuel supérieur à 51 000 euros (100 000 DM). La même année, la France a créé de nouvelles catégories de visas facilitant l'entrée des scientifiques [1] sur son territoire.

---

1. *Ibid.*

À l'avenir, la concurrence en matière de talents sera plus rude, plus professionnelle, mieux organisée ; elle constituera un des points les plus sensibles des négociations économiques et sociales internationales. Il faudra sans doute aller vers l'édiction de règles mondiales, comme on a fait en d'autres domaines, pour éviter que certains pays n'attirent à peu de frais, notamment par le jeu de déductions fiscales, des cadres que d'autres pays auraient mis très longtemps à former.

13 – Les futurs métiers marginaux : criminels et relationnels

Face aux États affaiblis, se développeront deux autres catégories de travailleurs et d'entreprises, toutes deux marginales, en tout cas au début : *pirates* et *relationnels*.

Les uns seront les acteurs de l'illégalité ; *les entreprises et travailleurs pirates*. Certains exerceront des activités licites sans respecter toutes les lois (en particulier les lois fiscales, les lois sur les droits d'auteurs ou les brevets). D'autres exerceront des activités criminelles (trafics de drogue, d'armes, d'êtres humains, jeux illicites, trafic d'influence, blanchiment d'argent, copies de produits de marque) et utiliseront la violence. Des employeurs de prostitués aux dealers de drogue, les travailleurs criminels, seront de plus en plus nombreux : dans vingt ans, ils représenteront plus de 10 % de la population active dans l'industrie et les services. Leur chiffre d'affaires dépassera même un jour, peut-être, celui de l'économie licite. Leurs firmes s'interpénétreront avec des firmes de l'économie de marché légale, qu'elles financeront. Elles établiront avec elles des entreprises conjointes. Elles se doteront de tous les attributs des États en voie de déshérence : réseaux de communications, instruments de collecte de ressources, armements.

D'autres entreprises, elles aussi à la marge du marché, celles-ci à but non lucratif et légales mobiliseront des *travailleurs relationnels*. Elles viendront exercer quelques-unes des fonctions d'intérêt général que les États ne sauront plus remplir : les ONG, les fondations du Sud et du Nord en font déjà partie. Ces nouveaux travailleurs mettront en place une économie de l'altruisme, de la mise à disposition gratuite, du don réciproque, de la non-violence, du service d'intérêt général. Ils produiront des services gratuits, des biens de distraction, de santé, d'éducation, de relations que chacun jugera bon de mettre à la disposition d'autrui, et de produire sans autre rémunération que la considération, la reconnaissance, la fête. En recréant de la gratuité et du bénévolat, ces travailleurs s'imbriqueront aussi dans le marché qui les financera et établira avec leurs entités des entreprises conjointes.

Ces emplois, utilisant des compétences proches de celles du marché, surgiront pour la gestion des villes, l'éducation, la lutte contre la pauvreté, la gestion de l'environnement, la réinsertion sociale, la lutte contre la drogue. Ils se substitueront à des emplois de salariés d'entreprises privées et à des services publics, et prendront en charge des services de prévention des maladies, de réinsertion des marginaux, d'organisation de l'accès des faibles aux biens essentiels.

Se développeront divers métiers autour de la philanthropie, comme le *fund-raising* ou le conseil en libéralités. Une nouvelle forme de travail consistera à trouver du plaisir à faire plaisir : des groupes trouveront leur bonheur à assurer celui d'enfants, d'anciens, d'adultes. L'altruisme engendrera encore d'autres métiers très nouveaux : accompagnateurs dans la mort, consolateurs, prescripteurs de savoir-être, traducteurs de cultures, etc.

Concernés par le sort de leurs descendants, soucieux d'aider, de comprendre, de laisser après eux un monde meilleur, les travailleurs relationnels ne se croiront pas propriétaires de la planète ; ils admettront qu'ils n'en ont que l'usufruit. Ils trouveront leur bonheur dans le plaisir de faire le bonheur d'autrui et s'en sentiront responsables. Ils seront prêts à mettre en pratique les vertus du sédentaire (vigilance, hospitalité, sens du long terme), tout comme celles du nomade (entêtement, mémoire, intuition). Ils se sentiront à la fois citoyens du monde et membres de plusieurs communautés ; leur nationalité sera celle des langues qu'ils parleront et non plus seulement celle du pays où ils habiteront. On trouvera parmi eux aussi bien des salariés, des innovateurs sociaux, des milliardaires ayant confié l'essentiel de leur fortune à une fondation, des religieux, des retraités ayant décidé de mettre le temps qui leur reste au service de l'humanité. Cette économie représenterait déjà une activité égale à environ 5 % de la production mondiale. Dans 20 ans, les travailleurs relationnels représenteront sans doute, plus du dixième de ceux des services.

14. L'évolution du temps contraint

En clair, le travail ne va pas disparaître, comme d'aucuns l'ont prophétisé. Et le temps passé au travail et dans les transports, qui forment ensemble le *temps contraint*, ne diminuera pas non plus. Au contraire, il tendra à augmenter : plus de la moitié des travailleurs des villes du Nord changeront de résidence tous les cinq ans, et plus souvent encore d'employeur. Ils devront vivre de plus en plus loin des centres et des lieux de travail ; un ménage habitant en 2007 entre les murs d'une très grande ville habitera huit kilomètres plus loin dix ans plus tard, et quarante kilomètres plus loin en 2025. Partout la part du *temps contraint* hors du travail augmentera.

Partout la réduction durable de la natalité et l'amélioration continue de l'espérance de vie conduiront à travailler un peu moins longtemps dans l'année, mais plus longtemps dans la vie.

Dans les pays du Sud, la durée du travail hebdomadaire commencera à baisser pour respecter progressivement quelques-unes des obligations minimales imposées par l'Organisation internationale du travail en termes de durée maximale légale et de conditions de sécurité au travail. Dans les pays du Sud, l'âge de la retraite baisse avec la mise en place des premiers mécanismes de pensions qui pourront concerner, par le biais de la microassurance, des milliards d'individus aujourd'hui sans protection.

Malgré cela, continueront d'exister longtemps encore, dans les pays du Sud, des formes de travail criminel dont il a été question plus haut, allant de l'exploitation sexuelle au travail des enfants, de l'esclavage aux enfants soldats.

Dans les pays du Nord, la durée hebdomadaire officielle du travail pourrait encore baisser jusqu'à 30 heures ; le nombre d'années de travail augmentera en revanche pour atteindre 45 ans. Le temps partiel, l'un des grands outils de la flexibilité (involontaire et contraint dans 40 % des cas dans le secteur privé, dans 35 % des cas dans le secteur public), connaîtra un grand essor. En particulier dans les services à la personne (santé, aide aux personnes âgées, restauration, ménage en entreprise, commerces ouverts le soir), qui exigent souvent des emplois en horaires décalés.

Au total, dans les pays développés, sur les 5 840 heures hors sommeil que compte une année, 2 000 resteront consacrées au travail et au temps contraint, et presque autant au temps libre.

On en viendra ainsi à une situation où le temps libre hors sommeil sera, dans les pays du Nord, égal, voire supérieur au temps contraint consacré au travail et au transport : le travail deviendra alors une activité quasiment, voire littéralement, secondaire, y compris, pendant les années actives.

L'âge de la retraite s'élèvera progressivement jusqu'à 70 ans pour tous ceux dont le travail n'est ni pénible, ni dangereux pour eux-mêmes et pour les autres. Ceux, plus âgés encore, qui souhaiteront continuer à travailler serviront de tuteurs, de passeurs, de prescripteurs.

15. L'affaiblissement de la négociation sociale et l'évolution des revenus du travail : le sablier pyramidal

Le pouvoir de négociation des travailleurs et de leurs représentants syndicaux sera très notablement affaibli par la libéralisation des marchés financiers, la mobilité des capitaux et la désintégration des processus de production en petites unités géographiquement dispersées. Les salariés perdront tout sentiment d'appartenance et se considéreront plutôt comme des experts individuels mandatés au cas par cas. La loyauté perdra alors tout son sens. L'affaiblissement du rôle des syndicats et de l'État dans le contrôle du respect des normes entraînera une judiciarisation grandissante des relations du travail.

L'essentiel des effectifs syndicaux sera regroupé dans les pays en développement et dans quelques pays scandinaves. Le Danemark, qui a accompli en dix ans un aggiornamento social extraordinaire, est une société syndiquée à plus de 80 %. La Confédération mondiale, nouvellement créée, regroupe 180 millions d'adhérents, soit seulement 6 % des travailleurs de la planète, proportion qui ne devrait pas sensiblement augmenter dans l'avenir.

Le cadre réglementaire dans lequel évoluera l'entreprise sera de plus en plus constitué de normes privées, généralement définies sous la contrainte de groupes de pression ou en partenariat avec des ONG, comme pour les chartes éthiques. Cette privatisation normative concourra à une dégradation de l'État de droit, à un dyscrédit syndical, à une dérégulation des normes internationales et à un nouveau corporatisme qui affaiblira les systèmes de relations professionnelles existants.

En conséquence, il y a aura, au sommet de la pyramide sociale, les travailleurs les mieux formés, individualistes et nomades, peu concernés par les questions syndicales et collectives ; au milieu de la pyramide, une vaste classe moyenne composée des fonctionnaires et des métiers à l'emploi garanti, largement syndiqués qui seront de plus en plus nombreux en valeur absolue mais de moins en moins nombreux en valeur relative ; au bas de la pyramide, des milliards de travailleurs peu formés, surtout des migrants et des femmes, géographiquement et socialement marginalisés, auxquels les syndicats auront le plus grand mal à accéder.

La pyramide sociale ressemblera alors à un sablier pyramidal à trois ampoules de taille décroissante de la base vers le sommet : un sablier, impossible à retourner.

De nouvelles formes de rémunération à la carte, matérielles ou financières, verront le jour afin de mieux adapter les entreprises aux situations individuelles de chaque employé, notamment en fonction de l'âge et des projets personnels qui en découlent (achat immobilier, épargne retraite, etc.) Cette individualisation des contrats de travail sera rendue possible par l'externalisation de la gestion du personnel à des cabinets spécialisés ainsi que par les progrès en informatique qui faciliteront la gestion sur mesure des personnels.

16. Gérer autrement le chômage : de la flexisécurité au travail de recherche d'emploi

Dans les pays en développement apparaîtront progressivement des mécanismes de protection contre les risques du chômage ; ils rejoindront les modèles les plus classiques dont l'Occident a eu la primeur. Cela passera notamment par la mise en place de systèmes de sécurité sociale pour les fonctionnaires et les employés de grandes firmes, et par la mise en place de systèmes de microassurance, organisés par les institutions de microfinance, afin de protéger les entrepreneurs individuels.

Dans les pays les plus développés, le chômage décroîtra un peu pour des raisons démographiques, mais moins que ce qui serait mathématiquement possible, du fait de l'inadéquation durable de l'offre à la demande de travail. Chaque pays cherchera donc à maintenir, pour ses travailleurs en transition entre deux emplois, une protection sociale de haut niveau, tout en s'évertuant à ne pas forcer leurs entreprises à garder du personnel en surnombre, en sorte de les aider à maintenir leur compétitivité. À cette fin, chaque pays cherchera à établir, à sa manière, un nouvel équilibre entre une protection sociale accrue et une protection de l'emploi plus faible.

Pour parvenir à ce nouvel équilibre, trois solutions sont possibles, et l'on verra chaque grand mouvement politique s'inspirer de l'une ou l'autre des méthodes suivantes

• Dans certains pays du Nord, comme pour la plupart des travailleurs des pays du Sud, chacun prendra en charge son propre risque ; en se retirant, l'État réduira à presque rien la protection sociale des travailleurs. Chacun devra alors s'assurer pour faire en sorte de couvrir, pour ce qui le concerne, les risques du non-emploi. Le *statut d'inter-*

mittent sera alors de plus en plus généralisé au sein d'un système nécessairement déséquilibré sur le plan financier et qui ne pourra donc couvrir que ceux dont le risque est faible. Une très large fraction de la population ne sera donc plus couverte contre les risques du chômage. Chacun devra en outre payer ses études parce qu'elles lui vaudront des avantages particuliers dans la recherche d'un emploi. Les sociétés de travail intérimaire joueront alors un rôle plus important tant pour organiser le placement que dans la formation de ceux qu'elles placent.

• En d'autres pays, les acteurs publics (État, collectivités locales) et privés (les entreprises) mettront en commun des ressources destinées à assurer les travailleurs contre les risques. Ils mettront ainsi en place une *sécurité sociale professionnelle* qui mutualisera les risques et assurera les travailleurs contre celui du chômage comme contre une maladie. Par la mise en œuvre, dès le début des années 1990, de réformes successives, le Danemark illustre le mieux ce choix de favoriser les parcours individuels plutôt que de protéger l'emploi. Avec une mobilité professionnelle ascendante forte, une qualité de l'emploi très élevée, le sentiment de sécurité le plus fort de tous les pays occidentaux, ce pays a placé le parcours individuel au centre des politiques de l'emploi. Ce système, bien connu sous le terme de *flexisécurité*, offre au salarié un grand nombre d'outils destinés à réussir son parcours professionnel. Si la législation relative à la protection de l'emploi a été réduite, l'individu trouve à sa disposition toute une palette de possibilités pour réaliser un parcours professionnel réussi : les congés de formation et les congés pour création d'entreprise permettent au salarié d'accroître ses connaissances et ses expériences ; les reconversions d'un secteur sinistré vers un secteur d'avenir sont encouragées. Cette évolution a notamment pris la forme d'un durcissement des conditions d'accès au système d'assurance chômage (passant de 6 à 12 mois de cotisations), celui-ci s'étalant sur une durée maximale d'indemnisation de quatre ans. Le « filet de sécurité » est assuré par une indemnité représentant jusqu'à 90 % du salaire avant impôts, mais plafonnée autour de 1 900 euros. Au total, au Danemark, les dépenses en politiques de protection sociale sont 2,5 fois plus élevées par chômeur qu'en France. Avec un grand succès : sur la période 1994-2000, le taux de chômage danois est passé de 10 % à moins de 5 %.

• Dans d'autres pays, enfin, on en viendra à considérer la recherche d'emploi non comme une dépense d'intérêt personnel, mais comme un travail comme un autre, méritant rémunération. En pratique, une part importante de l'activité du chômeur est consacrée à se former et à chercher un emploi, difficile travail que beaucoup ne savent pas exercer. Dans cette optique, se former et rechercher un emploi constituent des activités socialement utiles, qui méritent donc un statut et un revenu. Les chômeurs seront considérés comme exerçant un travail, rémunéré par un salaire sous la forme d'un *contrat d'évolution* qui aura tous les attributs d'un contrat de travail : rémunération, protection sociale, encadrement et débouché professionnel. Ce contrat permettra d'améliorer fortement la qualité des emplois, tout en réduisant massivement la durée de la recherche d'emploi ; il sera financé par des fonds de reclassement mutualisant les risques dans chaque bassin d'emploi. Ce contrat remplacera les allocations chômage, qui n'auront plus de raison d'être.

17. Préparer aux métiers d'après-demain

Conserver une rente de savoir sera de plus en plus difficile : 80 % des connaissances actuellement pertinentes dans l'exercice de la plupart des métiers seront sans utilité dans dix ans [1]. Cinq ans après l'achèvement de ses études, un ingénieur en électronique, en génétique ou en robotique ne peut plus guère utiliser que 50 % de ses connaissances, les autres étant dépassées par les progrès techniques. Au total, en 2007, le savoir technique disponible, mesuré par le nombre de pages des publications, double tous les sept ans. Il doublera en 2030 tous les soixante-douze jours.

Voilà qui obligera à une remise à jour de plus en plus rapide des connaissances des tra-

---

1. *Vers les sociétés du savoir*, UNESCO, 2005.

vailleurs et à une mutation de plus en plus accélérée de la formation initiale. Le temps nécessaire pour se tenir informé, pour apprendre, donc devenir et rester « employable », augmentera d'autant. L'éducation tout au long de la vie entraînera une transformation, une redistribution et une nouvelle harmonisation des temps dévolus à l'éducation, au travail et à la formation. Les savoirs utiles ne seront pas exclusivement les savoirs immédiatement valorisables : les savoirs « humanistes » et les savoirs « scientifiques » fondamentaux, les sciences de l'apprentissage revêtiront une importance de plus en plus grande.

La formation exigera de voyager de plus en plus : pour rester « employable », il faudra montrer des qualités de voyageur. Le nombre total de visas accordés à des étudiants étrangers par la France est passé de 23 000 en 1997 à plus de 58 000 en 2001 [1]. Ces jeunes

---

1. *Competing for Global Talent*, Bureau international du travail, 2006.

convergent de plus en plus vers les mêmes endroits : 80 % des étudiants étrangers de l'OCDE étudient dans seulement cinq pays (les États-Unis, le Royaume-Uni, l'Allemagne, la France et l'Australie).

Les universités publiques ou privées seront de plus en plus recherchées et devront affronter une concurrence entre elles de plus en plus sévère. Elles devront être gérées comme des entreprises et auront à recruter un nombre de plus en plus important d'enseignants, de chercheurs et de personnels administratifs. Le classement de ces universités, selon des systèmes de notation universellement reconnus, influera beaucoup sur le statut et la rémunération des professeurs.

Les entreprises s'investiront de plus en plus dans la formation jusqu'à créer des universités d'entreprises réunies sur des campus privés. Les États accorderont à leurs diplômes la même valeur qu'à ceux des autres universités, publiques ou privées. Par ailleurs, des systèmes de validation des acquis de l'expérience accompagneront une désacralisation du diplôme comme attestation d'un cursus, grâce à l'apparition de nouveaux modes de reconnaissance des parcours de formation et des compétences.

Le progrès des neurosciences et la prolifération d'objets virtuels, modifiables et accessibles à l'infini, facilitera l'acquisition des connaissances : l'apprentissage, longtemps confiné à des lieux spécifiques, telle l'école, sera de plus en plus accessible à distance.

La formation initiale restera essentielle, car les rendements espérés de la formation permanente décroissent *a priori* avec l'âge. De surcroît, l'efficacité de la formation permanente est fortement corrélée avec le niveau d'éducation initiale. En définitive, la formation permanente continuera de n'avoir qu'un impact plutôt faible sur la mobilité sociale

De grandes institutions d'enseignement à distance verront le jour, dans les pays industrialisés comme dans ceux en développement. L'enseignement virtuel offrira à ceux qui pourront y accéder un même suivi individualisé, avec une flexibilité dans la gestion de l'apprentissage et une autonomie accrue dans l'acquisition des savoirs, donnant naissance à des communautés virtuelles d'apprenants appelées à s'élargir et à se diversifier à tous les niveaux de l'éducation, dans toutes les langues.

L'Internet tendra à devenir le média privilégié de l'autodidacte et chacun, en cette période de mutation massive, est un autodidacte à vie. L'enseignement à domicile a déjà été adopté par environ un million d'élèves aux États-Unis ; il est particulièrement adapté aux enfants en difficulté comme le montre, par exemple, l'Indian National Open School. Parmi les onze plus importantes universités à distance (*open universities*), huit sont d'ailleurs déjà implantées dans des pays du Sud[1]. Le Massachusetts Institute of Technology (MIT) s'est déjà engagé, par le projet *OpenCourseWare*, à rendre disponible en ligne tout son matériel de cours : plans, notes, exercices et solutions, ouvrages de référence. Plus de cinq cents cours sont déjà disponibles, quinze cents autres devraient l'être dans les prochaines années. L'*e-education* commence, dans les pays développés à être pratiquée au niveau de l'enseignement secondaire ; à long terme,

---

1. *Vers les sociétés du savoir*, UNESCO, 2005.

elle augure plus qu'un bouleversement des rythmes d'apprentissage ; l'éducation ouverte et à distance pourrait définitivement remplacer l'espace scolaire et le modèle traditionnel de la classe. Là où les nouvelles technologies le permettront.

La mise en réseau des savoirs et l'accélération du traitement de l'information ouvriront de nouvelles possibilités d'apprentissage sur les bases de données, quels que soient leur taille, leur usage et leur finalité. De très puissants systèmes de gestion des savoirs se mettent déjà en place aussi bien dans les organismes scientifiques ou gouvernementaux que dans les entreprises, grandes ou petites, bien au-delà des actuels moteurs de recherche.

Dans trente ans, l'emploi ne ressemblera donc en rien à ce qu'il est aujourd'hui. En particulier dans un pays comme la France, en apparence si rétif aux changements.

II

En France

Pays de haut niveau technologique comme les États-Unis, et de haut niveau de protection sociale comme l'Europe du Nord, la France rencontrera les mêmes problèmes que tous les pays développés. Saura-t-elle tirer profit des mutations en cours ? Saura-t-elle former et attirer les travailleurs dont elle aura besoin ? Comment y évoluera le statut du salarié ? La plus grande mobilité s'accompagnera-t-elle d'une plus grande précarité ? La durée du temps contraint pourra-t-elle y baisser ? Celle du temps vraiment libre y augmenter ? Le chômage disparaîtra-t-il ? Le contrat à durée déterminée restera-t-il la règle ?

Les réponses à ces questions ne déterminent pas seulement l'avenir des travailleurs de France, mais l'avenir même de la France : un pays ne peut maintenir un niveau de vie élevé s'il n'est pas d'abord un pays qui travaille beaucoup, que ce soient ses hommes ou ses machines.

À regarder les plus récentes statistiques, la France semble travailler beaucoup : malgré une population inférieure au centième de celle du globe, elle est encore la cinquième puissance économique, le deuxième exportateur agricole, le cinquième exportateur de biens et de services, le deuxième pays d'accueil des investissements étrangers. Parmi les entreprises de taille mondiale encore considérées comme françaises, on trouve aujourd'hui non plus seulement des compagnies liées aux marchés publics (transports, énergie, défense), mais aussi des entreprises majeures dans les domaines de la grande consommation (luxe, agroalimentaire, pharmacie, automobile). La productivité horaire du travail français est *la plus élevée* du monde.

Mais le travailleur français est aussi celui qui, aujourd'hui, travaille le moins dans le monde en nombre d'heures par an, et la main-d'œuvre est en France à la fois insuffisante en nombre et en niveau de compétence.

Des emplois de faible valeur ajoutée partiront vers l'étranger ; d'autres, de haute valeur ajoutée, leur emboîteront le pas. La France est menacée de n'être bientôt plus qu'un pays de tourisme et de villégiature. À moins d'inventer les produits d'après demain, et donc, pour cela, les emplois de demain.

1. Le travail français :
une quantité décroissante

En 2005, la France métropolitaine comptait 27,6 millions d'actifs, soit 24,9 millions de personnes ayant un emploi et 2,7 millions de chômeurs. La population agricole n'y représente plus que 4 % de la population active. En l'espace d'un siècle, l'emploi agricole en France est passé de plus de 8 millions de personnes à moins de 900 000. L'industrie n'occupe plus que 24 % des travailleurs ; 72 % d'entre eux travaillent dans les services.

La proportion de femmes dans la population active est passée de 38,2 % en 1970 à 48,5 % en 2002. Elles sont désormais majoritaires parmi les employés, où leur proportion continue aujourd'hui encore de progresser. Proportionnellement, les femmes sont aussi de plus en plus nombreuses dans les professions intermédiaires, parmi les cadres et les professions intellectuelles, mais demeurent relativement peu représentées parmi les ouvriers.

Une des caractéristiques majeures de la France est qu'au cours des cinquante dernières années la population active s'est resserrée sur la classe d'âge des 25 à 54 ans ; les taux d'activité des personnes de 15 à 24 ans ont fortement diminué du fait de l'allongement de la scolarité et des difficultés d'accès au premier emploi. À l'autre extrémité de la pyramide des âges, les taux d'activité des personnes de 55 ans et plus ont également chuté.

Comme les jeunes, les seniors travaillent moins en France que dans la plupart des autres pays développés : si l'âge légal de la retraite y est en principe, pour la grande majorité des actifs, de 60 ans, à peine plus d'un tiers des personnes âgées de 59 ans étaient encore en activité en 2000. L'âge moyen de cessation d'activité des salariés français est de 57 ans et demi ! Certaines catégories de salariés du secteur public bénéficient même d'une retraite anticipée à 55 ans, voire à 50 ans[1]. C'est là un âge exceptionnellement bas : le taux d'emploi des 55-64 ans est en France de près de 15 points inférieur à la moyenne de l'OCDE !

Au total, la France a un des taux d'emploi les plus bas du monde et la croissance y crée fort peu de postes de travail : moins de 10 000 pour un point de croissance. On ne laisse pas s'y développer des activités peu productives comme par exemple celles de jardiniers aux États-Unis ou d'assistantes maternelles au Danemark. Plus de la moitié des salariés n'atteignent d'ailleurs l'âge de la retraite qu'après une période de préretraite, de chômage ou d'invalidité.

---

1. Symposium *L'Avenir du travail, de l'emploi et de la protection sociale*, Lyon, 2002.

La quasi-totalité de l'écart de croissance qui, depuis dix ans, sépare la France de ses principaux partenaires, s'explique par la moindre quantité de travail que notre pays est, en raison de ce qui précède, capable de mobiliser collectivement chaque année en dépit de très substantiels gains de productivité... Cela contraint à des choix de plus en plus tendus entre les aspirations à la solidarité collective et les dépenses nécessaires à la préservation de l'avenir. Si la France avait un taux d'emploi et une durée du travail (sur la vie entière) équivalentes à ce qu'ils sont au Royaume-Uni, elle atteindrait l'objectif de 3 % de croissance par an, et dans dix ans, son PIB serait de 20 % supérieur à ce qu'il promet d'être sans cela.

Depuis vingt ans, même en période de forte croissance, le taux de chômage ne semble pas à même de descendre au-dessous de 8 % de la population active. Encore ne s'agit-il là que de la statistique officielle, car le nombre de personnes réellement sans emploi serait en fait deux fois plus élevé. En outre, même si le chômage baisse depuis peu, avec le ralentissement de la croissance démo-

graphique, sa durée est encore particulièrement longue : alors qu'un chômeur canadien
reste en moyenne quatre mois sans travail, il
passe en France seize mois et demi sans exercer un emploi. Un jeune de moins de 25 ans
sur quatre est au chômage ; c'est le cas pour
près du double des jeunes issus des minorités
dites « visibles », même et surtout s'ils sont
diplômés.

Par ailleurs, la population vieillit : si l'augmentation du rythme des départs à la retraite
a déjà provoqué une diminution de 63 000
chômeurs en 2005, le nombre net d'entrées
sur le marché du travail (le solde entre arri-
vées et départs à la retraite) a largement
décrû, passant de 108 000 en 2004 à 29 000
en 2006.

Certes, en 2025, la France sera encore un
pays jeune, comparé aux autres nations européennes : elle n'aura perdu que 3 % des 15-
24 ans, alors que, pendant la même période,
l'Allemagne aura perdu 25 % de cette classe
d'âge. Si elle suit la tendance actuelle, la
France comptera 70 millions d'habitants en
2050 ; mais, à partir de 2045, seule l'immi-

gration permettra à sa population de continuer à croître.

Si on continue à travailler aussi peu qu'aujourd'hui, la population active française vieil-
lira : dès 2010, un actif sur quatre sera âgé de
plus de 50 ans, contre seulement un actif sur
cinq aujourd'hui. Alors qu'en 2000 les plus
de 60 ans étaient 12,6 millions, ils seront
près de 25 millions en 2050. D'ici là, la proportion des 20-59 ans sera passée de 54 % à
46 %, leur effectif en valeur absolue baissant
légèrement (de 33 millions en 2006 à
32 millions). La moyenne d'âge de la population active continuera de s'élever. La part
des 55 ans ou plus passera de 11,3 % en
2005 à 14,8 % en 2050, alors que celle des
25-54 ans chutera de 3 points. En 2030, les
plus de 60 ans représenteront les deux tiers
des 20-60 ans, contre un tiers aujourd'hui.
En 2050, il y aura 80 personnes de plus de
60 ans pour 100 personnes en activité. Le
nombre des moins de 20 ans restera un peu
au-dessus de 15 millions, comme aujour
d'hui, mais leur proportion dans la popula
tion totale tombera à 22 %, contre 25 %
aujourd'hui.

À partir de 2020, la France manquera en fait de main-d'œuvre : en supposant un apport migratoire annuel de 100 000 personnes (solde moyen de ces dernières années), une fécondité de 1,9 enfant par femme (niveau observé au début des années 2000) et une baisse de la mortalité obéissant au même rythme moyen que ces quinze dernières années, le nombre d'actifs tendra encore à augmenter pendant quelques années au même rythme que les précédentes, puis sa croissance ralentira progressivement. Le nombre d'actifs devrait bientôt diminuer et ce recul devrait se faire davantage sentir avec le vieillissement de la population, pour atteindre 80 000 par an vers 2025. À l'horizon 2030, la baisse cumulée devrait avoir atteint 750 000 personnes.

Le nombre d'actifs ne pourra donc se maintenir au niveau alors atteint (entre 28,2 et 28,5 millions) que si la population totale augmente massivement, notamment par l'immigration, et si une remontée significative de l'activité des seniors se produit. Les comportements de départ à la retraite représentent donc la principale source d'incertitude sur l'évolution future de la population active.

Sa population active diminuant, la croissance économique de la France dépendra uniquement de l'amélioration de la productivité, elle-même de plus en plus incertaine. Comme près de 6 millions de personnes prendront leur retraite d'ici l'an 2020, la croissance maximale possible se réduira de 2 % aujourd'hui à 1 %. Ce vieillissement aggravera la disparité entre actifs et inactifs : le « ratio de dépendance démographique » – qui désigne le nombre de personnes à l'âge de la retraite par rapport au nombre de personnes en âge de travailler – atteindra 1,4 cotisant pour 1 retraité vers 2025, alors qu'il était de 4 cotisants pour 1 retraité dans les années 1980, et de 15 cotisants pour un retraité en 1945.

Cette diminution pourrait être partiellement compensée par une hausse de l'activité des femmes et de celle des moins de 25 ans.

2. Temps libre et temps contraint

Les durées de travail annuelle et hebdomadaire continueront de baisser, mais moins vite que par le passé. Cette durée augmentera sur la vie entière, en raison de l'éloignement de l'âge de la retraite. Au total, le temps contraint (travail et transport) sera d'environ 2 000 heures par an sur 45 ans, avec, pendant cette période, à peu près autant de temps libre, à quoi il faudra ajouter le temps libre au-delà de la retraite.

La principale fracture qui divisera les salariés français restera celle existant entre ceux bénéficiant d'un emploi stable et ceux bénéficiant d'un emploi précaire, entre un CDI et un CDD, entre permanents et non-permanents.

Les emplois à CDD et à temps partiel englobent aujourd'hui des types de travailleurs très divers : activités manufacturières, juristes, comptables, employés de bureau, concepteurs du « web » et de services en ingénierie informatique, conseillers financiers et entrepreneurs indépendants, employés à temps partiel dans le commerce de détail, la restauration rapide et l'hôtellerie.

Certains groupes ont tendance à demeurer en moyenne plus longtemps dans leur entreprise que d'autres qui ne parviennent pas à trouver des emplois durables. Ceux qui sont protégés le seront beaucoup plus : la durée moyenne d'un CDI augmente sans cesse (approximativement 11 ans). Il convient d'y ajouter le cas des quelque 6 millions de fonctionnaires ou assimilés.

Malgré une réglementation en apparence très restrictive, l'emploi des jeunes est en France à dominante précaire : ce pays a le taux de contrats précaires des jeunes le plus élevé d'Europe, exception faite de l'Espagne.

La dualité entre CDD et CDI induit une répartition inégalitaire des risques liée à la conjoncture, prioritairement supportés par les jeunes et plus généralement les populations les plus fragiles. À un âge où il est question de fonder une famille, de jeter les bases d'un avenir, les accès au crédit et au logement sont beaucoup plus difficiles. La proportion de jeunes de 23 ans qui n'habitent plus chez leurs parents est de près de 12 pour cent plus élevée chez les titulaires de CDI que chez les salariés en CDD.

Le nombre des embauches sous contrat à durée déterminée représente aujourd'hui près de 73 % des embauches réalisées en France. Les CDD ne représentaient que 50 % des embauches il y a cinq ans (la moyenne est de 70 % dans les pays de l'Union européenne). Environ un tiers seulement de ces contrats à durée déterminée sera transformé en CDI.

3. La formation comme un emploi

La formation professionnelle, si nécessaire à l'accès à la stabilité de l'emploi, constitue en France une très grave lacune : 35 % des 25-64 ans n'ont pas atteint le deuxième cycle de l'enseignement secondaire, contre 27 % en Allemagne, 16 % au Japon et au Royaume-Uni, 13 % aux États-Unis ; 40 % de la population active française possède un niveau de formation inférieur au niveau CAP-BEP.

Les jeunes contraints chaque année de quitter le système éducatif sans avoir été préparés à entrer dans la vie active sont près de 280 000. Ils ont au plus le brevet, échoué au baccalauréat général, ou quitté l'enseignement supérieur sans diplôme. Ces jeunes en situation d'échec scolaire sont orientés vers un métier dont ils méconnaissent le plus souvent le contexte professionnel et les aptitudes nécessaires pour l'exercer.

Il y a très peu de formation par apprentissage dans les services : en 2000, on recensait seulement 76 436 apprentis pour ce secteur, contre 168 997 apprentis de même niveau dans la production industrielle[1].

Trop peu de Français ont atteint un niveau d'études supérieures, alors qu'aux États-Unis et au Japon, une proportion de plus en plus élevée des actifs a, depuis des décennies, accès à l'enseignement supérieur (plus de 50 % aux États-Unis et de l'ordre de 70 % au Japon).

Même si certaines de nos grandes écoles et quelques-unes de nos universités font encore illusion, 12 % seulement de la population française possède un diplôme d'enseignement supérieur ; même la Hongrie et la

1. *De « la formation tout au long de la vie » à l'employabilité*, Institut Montaigne, 2003

Corée du Sud font mieux ! La dépense totale par étudiant est égale en France au tiers de ce qu'elle est aux États-Unis. Le classement des meilleures universités du monde réalisé par celle de Shanghai ne place que 4 universités françaises parmi les 100 meilleures, la première étant Paris VI, et ce à la 45e place ! (Paris XI : 64e ; Strasbourg I : 96e ; ENS Paris : 99e) [1]. Là encore, la rente reste la loi : le parcours de chacun est déterminé par sa formation initiale, elle-même largement définie par le milieu d'origine.

Pour améliorer la qualité de l'emploi, il faudra donc doubler la dépense moyenne par étudiant, regrouper les universités, favoriser leur autonomie de gestion, encourager leurs relations avec le secteur privé, faire en sorte que l'origine sociale pèse moins sur la réussite universitaire et sur l'accès aux fonctions de responsabilités, développer les capacités des étudiants à transformer leurs savoirs en richesses concrètes, donner enfin une deuxième et une

---

1. *Classement des 100 meilleures universités mondiales*, Jiao Tong University of Shanghai, 2006

troisième chance à ceux qui auraient échoué dans leurs études.

Il faudra aussi prendre en compte une forte demande de professionnalisation (création des IUT, des IUP, des DESS, des MST, des MSG, des écoles internes d'ingénieurs), et favoriser le développement et la valorisation de la recherche fondamentale.

Les dépenses de formation permanente sont en revanche particulièrement élevées en France : elle se situe au deuxième rang des pays industrialisés derrière la Grande-Bretagne où il n'existe pourtant pas d'obligation légale en ce domaine pour les entreprises. Toutes contributions confondues (État, régions, entreprises), l'argent dépensé chaque année pour la formation professionnelle représente l'équivalent de 20 % de la dépense française en matière d'éducation. Pourtant, après trente-cinq ans d'efforts, suite à la loi de 1971, la formation professionnelle ne concerne les Français que dans une proportion vingt fois moindre que dans les pays scandinaves ! En Suède, plus de 90 % des entreprises proposent des formations à leurs salariés. En France, l'écart entre le taux de formation au sein des grandes entreprises et celui qui a lieu au sein des petites entreprises est plus élevé qu'ailleurs (rapport de 4 en France, 2 aux Pays-Bas et au Royaume-Uni, 1 en Allemagne) [1]. Seulement 5 à 8 % des dépenses sont mutualisées au niveau interprofessionnel [2]. Or ce sont les secteurs les moins organisés et les PME qui ont le plus besoin de la formation.

De plus, les moyens sont relativement concentrés au niveau national, alors que l'efficacité est à rechercher dans un schéma territorial et transversal en partenariat avec les régions.

Comble de l'inefficacité, cette formation bénéficie en priorité aux actifs ayant suivi une formation initiale couronnée par une qualification reconnue : le taux d'accès à la formation continue est cinq fois plus élevé chez les travailleurs qui ont atteint l'enseignement supérieur en formation initiale que

1. De « *la formation tout au long de la vie* » *à l'employabilité*, Institut Montaigne, 2003

2. *Vers une nouvelle croissance pour la France*, M. Camdessus, 2004

pour ceux qui ont atteint le niveau de fin du collège. Seulement 12 % des ouvriers non qualifiés suivent une formation, contre 46 % des cadres.

De même, les salariés de plus de 40-45 ans bénéficient très peu de la formation continue, ce qui accroît leurs risques d'inadaptation aux évolutions technologiques : le taux d'accès à la formation continue est cinq fois plus élevé dans la tranche d'âge des 25-30 ans que dans celle des 50-54 ans. Afin de prolonger l'activité d'un nombre croissant de travailleurs âgés et d'éviter leur exclusion du marché du travail, il est nécessaire de préserver et renforcer leur employabilité par la formation.

En France comme ailleurs, trois modèles d'organisation de la formation permanente s'opposeront :

Pour les uns, chacun devra en assumer la responsabilité : de ce point de vue, la formation deviendra un actif individuel, un droit au même titre que la retraite ou l'assurance chômage ; un *compte de formation continue* propre à chaque individu devrait être créé, qui permettrait au salarié d'investir, dans le cadre d'une démarche individuelle, dans des actions de développement de ses compétences afin de garantir son employabilité ; ce compte pourrait également être abondé par l'entreprise, comme elle le fait déjà pour les comptes d'intéressement ou de temps de congés. Enfin le salarié pourrait choisir de créditer son compte formation en convertissant par exemple des jours de RTT, son intéressement, sa prime de précarité ou tout autre élément de son salaire.

Pour d'autres, il sera de la responsabilité de la collectivité de financer cette formation, et ce, dans le cadre de la « flexisécurité ». Le compte formation, abondé par l'État, serait inversement proportionnel à la durée de la formation initiale. Les collectivités pourraient s'en servir pour mener à bien des politiques locales de formation.

Pour les derniers, enfin, se former en permanence sera considéré comme un travail ordinaire. Celui-ci sera rémunéré par un salaire dans le cadre d'un contrat d'évolution.

La diversité des dispositifs ne permet pas de mettre en œuvre une politique d'ensemble de formation continue comme le montrent les différentes « offres » existantes : l'apprentissage (257 785 entrées en 2005), le contrat de professionnalisation (92 454), le contrat de qualification (17 714), le contrat d'adaptation (2 589), le contrat de qualification adulte (509), le contrat d'accompagnement vers l'emploi (137 212), le contrat d'avenir (15 993), les SIFE collectifs (4 461), les formations conventionnées (32 374), les actions de formation préalables à l'embauche (22 758), le contrat d'orientation, les stages d'accès à l'emploi, les interventions en faveur des détenus, les interventions en faveur des illettrés[1].

4. Les besoins en emplois industriels et technologiques

Dans dix ans, la France comptera 50 000 agriculteurs et 40 000 ouvriers non qualifiés de la mécanique et du textile en

---

1. *Bulletin mensuel des statistiques du travail*, mars 2007

moins. D'autres emplois de faible valeur ajoutée partiront pour l'étranger. D'autres, de haute valeur ajoutée, les suivront. De ce fait, répétons-le, la France pourrait n'être plus, après-demain, qu'un pays de tourisme si elle n'est pas capable d'inventer simultanément les produits industriels d'après demain. Pour y parvenir, il lui faudra, comme les autres pays, inventer et multiplier de nouveaux emplois. Il lui faudra notamment beaucoup plus d'ouvriers spécialisés (ouvriers qualifiés en maintenance, des industries de process, etc.), de spécialistes des nanotechnologies, de l'aéronautique, de l'électronique, de généticiens et d'informaticiens. La maintenance et la logistique industrielles seront très demandeuses d'emplois, lesquels se révéleront difficiles à pourvoir (ce secteur pourrait souffrir d'un déficit de 6 000 à 8 000 personnes par an).

Pour augmenter le nombre d'ouvriers qualifiés, on attachera beaucoup plus d'importance à la pénibilité du travail. En 2003, 32 % des salariés, dont certains âgés, étaient exposés à des situations jugées fatigantes, comme une position debout ou des gestes répétitifs prolongés ; 20 % des salariés travaillaient dans des postures pénibles, à genoux, les bras en l'air, en torsion[1]. Le ministère du Travail estime que 13,5 % des salariés sont encore exposés à des produits cancérigènes. Et travailler de nuit pendant quinze ans peut causer des dommages physiologiques irréversibles.

La France aura aussi besoin d'un bien plus grand nombre d'ingénieurs dans tous les domaines, ainsi que de chercheurs, tous mieux formés. Et c'est aussi vrai dans le domaine de la recherche publique que privée. Par exemple, l'effort public finlandais en matière de recherche, calculé proportionnellement au PIB, est cinq fois supérieur à l'effort français. Autre exemple : le réseau ParisTech, qui regroupe onze grandes écoles d'ingénieurs (X, Mines, Ponts, Télécoms, Agro, ENSTA, ENGREF, Chimie de Paris, ESPCI, ENSAM, ENSAE), compte près de 30 % de chercheurs en moins que le MIT installé à Cambridge (2 000 contre 2 800). Ce réseau dispose d'un budget annuel de

---

1. Enquête Sumer, ministère de l'Emploi, 2003

450 millions d'euros, contre près de 2 milliards de dollars pour le MIT[1] ! Alors qu'un grand chercheur ou un président d'université ne peut percevoir qu'un salaire net de 55 000 euros par an – maximum prévu par la grille des salaires de l'Éducation nationale –, son collègue président de la Columbia University reçoit lui 500 000 dollars par an. Si les chercheurs représentent 0,9 % de la population active aux États-Unis et au Japon (dont 83 % dans le privé), ils ne sont plus aujourd'hui que 0,6 % en France (dont seulement 40 % dans le privé ; trop peu d'entre eux travaillent en outre sur les sujets d'avenir : nanotechnologies, nouveaux matériaux, infrastructures numériques, technologies écologiques).

Dans la recherche du secteur privé, l'écart est de même ampleur : sur les 700 entreprises mondiales qui investissent le plus dans le secteur recherche et développement, seulement 36 sont françaises, contre 300 américaines et 154 japonaises. Conséquence : les chercheurs

---

1. *Avoir des leaders dans la compétition universitaire mondiale*, Institut Montaigne, 2006

français déposent deux fois moins de brevets industriels que les Allemands ou les Suédois.

5. Les futurs emplois de services et relationnels

La part des services dans la population active française est plus faible que dans les pays les plus avancés ; or c'est là que la plupart des postes seront créés à l'avenir. Certains de ces métiers déclineront : la part du petit commerce et de l'artisanat devrait continuer à se réduire : la France de 2015 comptera 25 000 patrons de cafés, d'hôtels et de restaurants, et 14 000 bouchers, charcutiers et boulangers de moins qu'aujourd'hui. Les emplois dans le secteur de la grande distribution seront eux aussi réduits par un certain nombre de progrès techniques rendus aussi nécessaires par la pénibilité du travail : les pathologies musculo-squelettiques déclarées dans ces métiers ont été multipliées par six en dix ans.

Le développement des échanges de marchandises engendrera des besoins dans les services logistiques (conducteurs de véhicules, ouvriers qualifiés dans la manutention) et dans les fonctions commerciales (représentants, attachés commerciaux).

Des embauches seront aussi possibles dans la banque, les assurances et même la fonction publique où la baisse de la demande de travail sera inférieure à la croissance des départs à la retraite. À moins que, d'ici là, de considérables progrès techniques ne conduisent à ralentir les recrutements.

Les professions intellectuelles du secteur privé (cadres administratifs et financiers, cadres commerciaux d'entreprise, chercheurs, enseignants, etc.) exigeront elles aussi des embauches.

Alors qu'en février 2006 90 % des ménages souhaitaient bénéficier de services à la personne, seuls 3 % y avaient accès. Ainsi, moins de 1,5 % des salariés français bénéficient d'un programme de services à la personne déployé par leur entreprise, contre 20 % dans certains pays européens, et 60 % aux États-Unis. La réglementation française en matière d'emplois à durée limitée et de temps de travail, qui est relativement restrictive, est peu favorable au développement des secteurs à forte rotation de la main-d'œuvre, comme ce secteur des services à la personne. Ceux-ci font, pour l'essentiel, appel aux personnes jeunes (16 % de moins de 25 ans dans l'hôtellerie-restauration, contre 7,5 % dans l'ensemble de l'économie), peu qualifiées (90 % d'un niveau inférieur au baccalauréat dans l'hôtellerie-restauration, contre 73,5 % dans l'ensemble de l'économie) et de sexe féminin (59,5 % dans le commerce, contre 45 % dans le l'ensemble de l'économie)[1]. 19 % des salariés du tertiaire travaillent moins de 30 heures par semaine ; seulement 6 % des salariés de l'industrie se trouvent dans une telle situation.

La France, sur ce terrain, est particulièrement en retard : si elle avait le même taux d'emploi que les États-Unis dans le commerce et l'hôtellerie-restauration, elle compterait 3,4 millions d'emplois supplémentaires ; la même comparaison avec les

---

1. *Productivité et emploi dans le tertiaire*, P. Cahuc & M. Debonneuil, 2004

Pays-Bas aboutirait à 1,8 millions d'emplois supplémentaires ; avec l'Allemagne ou le Danemark, à 1,2 millions. Il suffirait que chaque famille en France consomme trois heures de ces services à la personne par semaine, pour un coût de 20 à 30 euros, pour créer deux millions d'emplois[1] !

Le marché des services à la personne représentait déjà en 2006 un chiffre d'affaires de 12,65 milliards d'euros, en hausse de 11 % par rapport à 2005 ; 145 000 emplois y auraient été créés. Ces services devraient représenter un chiffre d'affaires de 18 milliards d'euros en 2010[2].

Avec le vieillissement de la population, les besoins en professions de bien-être et de santé (infirmiers, aides-soignants, etc.) augmenteront massivement. La prise en charge de quelque 800 000 personnes âgées dépendantes par les nouvelles allocations personnalisées d'autonomie devrait, à elle seule, entraîner la création de 100 000 emplois

---

1. *Productivité et emploi dans le tertiaire*, P. Cahuc & M. Debonneuil, 2004
2. Ineum Consulting, mars 2007

d'aides à domicile. Il en ira de même des métiers liés aux services aux particuliers (assistantes maternelles et aides familiales, agents d'entretien, etc.).

Des géants de l'assurance ou de la finance s'intéressent de près aux services à la personne ; banquiers et assureurs s'occuperont aussi demain du ménage à domicile, de la garde d'enfants, du soutien scolaire. Au total, le secteur des services à la personne devrait pouvoir faire sortir du chômage 500 000 personnes en trois ans.

Ce secteur génère souvent des emplois en horaires décalés, comme c'est le cas pour la restauration, le ménage en entreprise, les commerces ouverts le soir, ce qui implique, on l'a vu, un problème d'accès au logement éloigné du lieu de travail et un certain décalage avec les horaires des transports publics.

En France, plus de la moitié des postes qui seront à pourvoir dans les prochaines décennies se concentreront parmi 15 des 84 familles professionnelles recensées par l'INSEE : assistants maternels et aides à domicile, agents d'entretien, enseignants, cadres administratifs et dirigeants, aides-soignants, conducteurs de véhicules, fonctionnaires de catégorie C, ouvriers qualifiés des industries de process, employés administratifs, informaticiens, infirmiers et sages-femmes, cadres commerciaux, ouvriers qualifiés de la manutention, employés de maison et représentants de commerce.

6. Améliorer le travail des jeunes

Les moins de 29 ans travaillent moins en France qu'ailleurs, et avec des statuts beaucoup plus précaires : alors qu'en moyenne, dans les pays de l'OCDE, 75,9 % des jeunes occupés bénéficient d'un emploi à durée indéterminée, ce n'est le cas en France que pour 47,8 % d'entre eux.

Pour un jeune, avoir un premier emploi, c'est donc, dans plus de la moitié des cas, n'avoir qu'un CDD, un emploi en intérim ou un contrat saisonnier. Seulement environ un tiers des CDD se transforme ensuite en CDI. Aussi les jeunes enchaînent-ils les CDD, entrecoupés de périodes de chômage. En 2005, le quart de la génération ayant quitté le système scolaire en 1998 n'avait toujours pas décroché un CDI, sept ans après être entrée sur le marché du travail[1].

Ce qui se traduit par un accès tardif à l'autonomie, en particulier pour ceux qui ont interrompu leurs études à un niveau inférieur au premier cycle du secondaire ; cinq ans après la fin de leurs études, 21 % des jeunes n'ont ni logement, ni travail en propre, et la famille reste pour eux une protection privilégiée contre l'exclusion. Les jeunes de milieux favorisés, qui ont la plus grande propension à faire des études, sont aussi davantage aidés par leurs familles, ce qui creuse encore le fossé avec ceux qui ne disposent plus du soutien de leurs parents. Ainsi, ceux qui auraient le plus besoin d'aide n'en reçoivent pas, et au moins 150 000 jeunes de 15 à 29 ans se trouvent aujourd'hui dans une position d'isolement et sans ressources.

---

1. « Les sept premières années de la vie active de la Génération 98. Entre insertion et débuts de carrière », T. Couppié, C. Gasquet et A. Lopez, *Bref* n° 234, octobre 2006.

Pour améliorer la situation du travail des jeunes, il faudra améliorer le niveau de la formation initiale, en particulier celui des jeunes défavorisés, notamment ceux des banlieues. Mais il faudra aussi améliorer la nature des premiers contrats de travail, comme on le verra plus loin. En outre, il faudra favoriser l'accès au logement notamment à travers les garanties de loyers et les garanties d'emprunt pour toute personne ne bénéficiant pas d'un CDI.

7. Prolonger le travail des seniors

Face au vieillissement de la population et à l'augmentation de l'espérance de vie, la France n'aura le choix, pour maintenir en 2050 son ratio de dépendance (actifs/inactifs) au niveau de 1995, qu'entre quatre solutions : soit le niveau des retraites diminuera massivement, soit les actifs cotiseront beaucoup plus, soit on accueillera un grand nombre d'étrangers, soit l'âge de la retraite sera repoussé.

Le premier choix entraînerait une baisse

du niveau des retraites de 75 % à 62 % du salaire moyen des années d'activités prises en compte.

Le second choix ferait augmenter les cotisations des actifs de l'équivalent de quatre années supplémentaires de travail.

Le troisième choix conduirait à organiser la venue de deux millions d'étrangers par an entre 2010 et 2040, ce qui se traduirait, sur l'ensemble de la période considérée, du fait de l'élargissement des familles, par l'entrée sur notre sol de 93 millions d'immigrés ; la France compterait alors 187 millions d'habitants, dont 68 % d'immigrés de première ou de deuxième génération[1].

Ces trois solutions paraissent impraticables. Reste la quatrième : l'éloignement de l'âge de la retraite.

En France comme dans les autres pays développés, il ira vers les 70 ans. Cet allongement de la durée du travail ne pourra être accepté que s'il est volontaire, s'il autorise sans restriction le cumul d'un emploi rému-

---

1. *Besoins de main-d'œuvre et politique migratoire*, Centre d'analyse stratégique, 2006

néré et de la retraite, et si sont démantelés tous les dispositifs de retraites anticipées. Il faudra, pour réussir, encourager la formation professionnelle des seniors afin de favoriser le développement d'une « deuxième carrière » après 50 ans, en s'appuyant sur la validation des acquis de l'expérience et en trouvant des façons d'associer les plus âgés à des activités relationnelles, éducatives, associatives, voire productives. Il faudra aussi organiser une meilleure ergonomie des postes de travail et des équipements collectifs, et accompagner la prise en compte de la pénibilité de certains métiers.

8. Admettre plus d'étrangers

La France devra accueillir davantage de travailleurs venus de l'étranger, et la politique d'immigration devra évoluer dans au moins cinq directions :

• faciliter, pour certaines catégories professionnelles et dans des zones géographiques ciblées, le recours à la main-d'œuvre étrangère par les employeurs qui ne parviennent pas à pourvoir leurs postes de travail ainsi que la venue de travailleurs saisonniers ;

• organiser les mouvements de main-d'œuvre à l'intérieur des entreprises trans-nationales, notamment dans le cadre du détachement de salariés étrangers travaillant dans des filiales de firmes françaises vers des emplois en France ;

• encourager en France la venue de per-sonnel très qualifié, en particulier faciliter l'accès au marché du travail français des étu-diants étrangers ayant achevé leur forma-tion ;

• améliorer l'insertion des immigrés et de leurs enfants : en matière de formation pro-fessionnelle, de culture laïque et d'incitation à la création d'entreprises, principal gisement d'emplois dans les quartiers pour les revitali-ser comme pour faire baisser durablement le taux de chômage ;

• améliorer la maîtrise de la langue : 8 à 10 % des jeunes adultes français (quels que soient leur niveau de scolarité et leur origine) sont incapables d'affronter la lecture d'un texte simple et court. Or, sans maîtrise de la langue et de la culture, il n'existe pas de chances réelles d'intégration sociale[1].

9. Vers une plus grande flexibilité du temps de travail

Ces évolutions nécessiteront de déréglementer partiellement le temps de travail :

D'une part, pour s'adapter aux besoins des clients : dans le secteur des services qui sera, on l'a vu, la principale source d'emplois nouveaux, il sera nécessaire d'instaurer des horaires plus souples. La France est aujourd'hui le pays dont le nombre de jours traditionnellement non ouvrés est le plus élevé au monde. Il faudra réduire ce nombre et augmenter les cas dans lesquels est autorisé le travail de nuit.

D'autre part, pour s'adapter aux besoins des salariés : certains souhaiteront ne pas renoncer aux avantages de la RTT, y compris parmi les jeunes cadres ; d'autres souhai-

---

1. *De « la formation tout au long de la vie » à l'employabilité*, Institut Montaigne, 2003.

teront travailler plus pour gagner plus ; d'autres encore seront prêts à s'adapter à un régime souple pour tenir compte des contraintes propres à l'entreprise ; d'autres enfin souhaiteront commencer leur semaine de 35 heures à partir de midi, ou la finir à ce moment-là.

Chacun pourra répartir un peu plus librement les 2 000 heures annuelles qu'il devra consacrer, tout au long de son existence active, au *temps contraint* dévolu au travail, et profiter dans les meilleures conditions des heures au moins égales – sinon plus nombreuses – de temps libre.

10. Repenser l'échelle des revenus du travail

Les écarts de revenus entre travailleurs ont beaucoup augmenté, en France comme ailleurs : les femmes, les jeunes, les minorités, les travailleurs manuels sont particulièrement victimes de ces inégalités.

En France, parmi les 10 % des salariés les moins bien rémunérés, 80 % sont des femmes, qui représentent aussi 80 % des employés à temps partiel. Le taux d'activité des femmes va croître dans la quasi-totalité des professions, mais pour l'instant il reste en deçà de la parité : 42 % des cadres administratifs en entreprises sont des femmes, mais elles ne sont que 25 % des cadres commerciaux. La proportion est dramatiquement basse dans certains métiers de haute valeur ajoutée et de hauts revenus : seulement 20 % des personnels d'études et de recherches, et 10 % des ingénieurs et des cadres techniques de l'industrie sont des femmes. De plus, avec une même expérience, une même formation, un même temps de travail et un même emploi, les hommes continuent à gagner en moyenne 11 % de plus que les femmes.

Les écarts de revenus augmenteront entre les fonctions les mieux rétribuées (assurance, banque, distractions) et les métiers les moins bien payés (ouvriers et employés). La hiérarchie des revenus continuera d'être faussée et on continuera de mal rémunérer des fonctions sociales essentielles, comme dans la médecine la recherche ou l'éducation

Il faudra donc repenser les hiérarchies des revenus, en particulier pour attirer des gens vers des métiers essentiels et actuellement trop mal considérés, comme ceux d'ouvriers qualifiés, d'ingénieurs, de chercheurs, de médecins, de services à la personne, etc.

On devra développer la mixité professionnelle par une réelle prise en compte des impératifs familiaux par les entreprises et les pouvoirs publics : on ne pourra sans cela améliorer la disponibilité des femmes pour le travail dans un pays où les deux tiers des enfants de moins de trois ans doivent encore être gardés par leurs parents (donc par la mère dans la quasi-totalité des cas) [1].

11. Faire évoluer les conditions des licenciements

En France comme ailleurs, les emplois changent à très grande vitesse . en moyenne,

---

1. *Les modes d'accueil des enfants de moins de six ans : premiers résultats de l'enquête réalisée en 2002*, Études et Résultats, avril 2003.

une grande entreprise qui crée un emploi ferme au cours d'une année embauche cinq personnes et se sépare de quatre autres durant cette même année. À l'inverse, la perte d'un poste de travail se traduit par trois embauches et quatre départs[1].

Aujourd'hui, pour l'ensemble de l'économie française, 30 000 personnes quittent leur emploi et 30 000 en trouvent un chaque jour ouvrable. Tous les ans, 2,3 millions d'emplois sont créés ; sensiblement le même nombre disparaissent. Entre octobre 2005 et septembre 2006, 4,45 millions de personnes sont sorties du chômage, mais 4,36 millions y sont entrées.

Les licenciements, on l'a vu, ne sont que très peu liés aux délocalisations : sur la période 1995-2001, celles-ci n'ont conduit à perdre que 2,4 % de l'emploi industriel, soit environ 13 500 emplois par an[2].

---

1. *De la précarité à la mobilité : vers une sécurité sociale professionnelle*, P. Cahuc & F. Kramarz, 2004.
2. *Délocalisations et réductions d'effectifs dans l'industrie française*, P. Aubert & P. Sillard, INSEE, 2005.

Cette impressionnante noria du travail augmentera encore dans les prochaines décennies du fait de la précarisation de la relation d'emploi, ainsi que des mutations de plus en plus grandes dans les conditions d'exercice des emplois. Cela se traduira par des embauches et des licenciements de masse, même s'ils restent encore souvent individuels.

Les conditions des licenciements collectifs sont en effet aujourd'hui trop complexes pour être adaptées aux exigences du changement à venir : un licenciement collectif prend de neuf à douze mois dans le cas d'une grande entreprise. Le délai gagné en alourdissant le coût du licenciement se paie en emplois. Le bénéfice pour les salariés est limité, s'il existe. Le coût de la réglementation est plus élevé pour les PME que pour les entreprises importantes. Cette complexité réduit l'incitation à créer des emplois et déforme la structure du marché du travail en l'orientant vers les formes d'emplois les moins protégées. Ce qui défavorise en particulier la création d'emplois par les PME. Enfin, l'incertitude entourant l'intervention grandissante des tribunaux conduit les entre prises à anticiper un coût potentiellement élevé en cas de licenciements. Ces anticipations se reportent finalement sur tous les salariés, sous la forme de moindres augmentations salariales, et sur l'ensemble de l'économie par une moindre création d'emplois. En 2006, une étude[1] a montré que sur 570 plans de sauvegarde intervenus entre 2002 et 2004, 20 % seulement des salariés avaient retrouvé un CDI, un an après le plan, 10 % un CDD de plus de 6 mois, et 10 % étaient en formation longue durée ou en création d'entreprise ; 60 % étaient donc encore en situation de chômage ou de travail précaire. La législation française maintient cette spécificité pour un coût exorbitant, alors même que les résultats, en termes de protection de l'emploi, semblent être on ne peut plus médiocres.

Les licenciements individuels sont douze fois plus nombreux que les licenciements

---

1. *Les plans de sauvegarde de l'emploi : accompagner les salariés licenciés sans garantie d'un retour vers l'emploi stable*, DARES, 2006.

collectifs, mais ne correspondent qu'à 6 % des départs[1]. L'employeur est donc incité à invoquer un motif personnel pour licencier, quitte à conclure une transaction avec le salarié afin que ce dernier abandonne ses droits de recours en contrepartie d'une indemnité. Confronté à un environnement juridique incertain, à des procédures de reclassement dont l'efficacité est loin d'être prouvée, le salarié préfère le plus souvent empocher l'indemnité de licenciement prévue par la transaction et percevoir ensuite ses indemnités-chômage. Les indemnités négociées, en grande partie non imposables, profitent surtout aux personnels les plus qualifiés travaillant dans les grandes entreprises. Les licenciements pour motifs personnels sont également souvent utilisés pour maquiller un départ volontaire du salarié afin de lui permettre de percevoir des indemnités chômage. Les travailleurs les mieux informés des procédures de licenciement et des possibilités de

---

1. *Les mouvements de main-d'œuvre en 2002 : un marché du travail moins dynamique*, DARES, juillet 2004.

recours tirent aussi le mieux leur épingle du jeu.

Il conviendrait donc de simplifier et de préciser les distinctions entre licenciements individuel et collectif, et de renforcer les contrôles existants.

12. Améliorer le dialogue social*

Le développement des multinationales, l'attrition des pouvoirs publics, l'externalisation des fonctions non stratégiques chez les sous-traitants amènent à se défaire toute la chaîne des relations et des responsabilités sociales. Les conséquences sociales sont de

---

* Ce point n'est pas partagé par M. Chérèque et la CFDT. En effet, celle-ci souhaite une modification des règles de la représentativité mais pas en instaurant une élection nationale sur sigle, telle que le préconise le rapport. Cette proposition, qui s'apparente à un mode d'élection politique exempt de toute présence réelle dans les entreprises, va à l'encontre de la conception même de la CFDT, du syndicalisme d'adhérent et de proximité, qui fait de la présence dans les entreprises un élément essentiel.

plus en plus éloignées des lieux où s'opère la prise de décisions. Au fil des années, le droit de la représentation du personnel est devenu particulièrement dense et complexe. Rares sont les entreprises assurées de respecter intégralement l'ensemble des prescriptions applicables en la matière. Loin de favoriser la concertation, cette complexité du droit alimente souvent le contentieux au sein de l'entreprise : la procédure prend le pas sur le fond. Les difficultés rebutent les chefs d'entreprise, notamment dans les plus petites d'entre elles, et certains sont tentés d'éviter ou de retarder la mise en place de toute forme de représentation. La création des comités d'entreprises européens s'est révélée décevante, ceux-ci étant essentiellement dévolus à l'information et à la consultation, sans réels pouvoirs.

Ainsi, en 1999, plus de 80 % des établissements de 10 à 19 salariés ne comptaient aucune instance représentative du personnel. Dans les établissements de 20 à 49 salariés, ce chiffre se montait à 44 %, et dans les établissements de plus de 50 salariés, à 7 %.

Pour encourager le développement d'un

dialogue social au sein de l'entreprise, il paraît donc indispensable de clarifier les règles et d'alléger les procédures.

La forme ultime de cette clarification sera la mise en place d'instances uniques de dialogue et de négociation, aux compétences élargies. Cette faculté existe aujourd'hui au sein des PME ; elle se généralisera aux grandes entreprises. À terme, les syndicats seront associés à toute décision d'importance au sein de l'entreprise.

Le développement des formules de gouvernance, sous la forme d'un directoire et d'un conseil de surveillance dans lequel les salariés peuvent être représentés, constituera la forme la plus aboutie du dialogue social lorsque les instances syndicales y seront incluses.

Les opérations de vote aux élections syndicales, matériellement lourdes à organiser, notamment au sein des petites entreprises, devront être simplifiées. Pour améliorer la représentation, la campagne électorale comme le vote devraient pouvoir avoir lieu par voie électronique. Chaque travailleur recevrait par mail les programmes des différentes formations et pourrait, par un mail sécurisé, voter pour le candidat ou la liste de son choix. Cette simple innovation permettrait une plus grande représentativité des syndicats[1].

13. Réformer le droit du travail

Tout, en France, dans l'organisation du travail, est sujet à une législation détaillée : les congés, les absences, les heures supplémentaires, l'ancienneté, les conditions de travail. La loi étant la loi, aucune des parties ne peut privilégier une solution de compromis. La relation sociale devient alors une relation procédurière, le moindre écart se traduisant inévitablement par un litige devant les prud'hommes, ce qui renforce l'attitude de méfiance a priori qui prévaut entre employeurs et employés.

Entreprises et salariés souffrent d'abord des incertitudes sur les délais, les risques et les coûts de l'application de règles qui résul-

---

1. Propositions in *Pour un Code du travail plus efficace*, M. de Virville, 2004.

tent plus de la jurisprudence que de la loi elle-même. La solution réside moins dans l'assouplissement du droit – sauf pour les petites entreprises – que dans sa sécurisation et sa lisibilité.

Le Code du travail considère d'emblée toute relation de travail comme une relation de salariat, alors qu'il existe un nombre croissant de situations dans lesquelles les travailleurs décident volontairement de se placer hors de toute relation salariale, ou alors que sont présents – parfois durablement – sur le site d'une entreprise des salariés d'une autre entreprise (démonstrateurs dans une grande surface, agents de gardiennage ou de sécurité, techniciens de surface, ingénieurs de bureaux d'études, consultants, informaticiens). Le droit du travail devra donc d'abord mieux préciser la nature du travail. Il est important qu'il n'y ait pas d'ambiguïtés tant sur la nature exacte de la relation nouée entre la personne qui effectue la prestation et l'entreprise qui en bénéficie que sur l'étendue de leurs obligations réciproques.

Le droit français ne pourra pas faire l'économie d'une refonte du droit du travail.

d'une meilleure information des salariés, d'un recours plus systématique à des commissions paritaires et de l'instauration de délais maxima pour certains types de recours.

14. Vers une forme unique de contrat de travail*

On recense en France une trentaine de types de contrats de travail segmentant les travailleurs selon leur qualification, leur âge, leur secteur d'activité Pas moins de cinq nouveaux contrats de travail spécifiques ont été créés ces dernières années (CNE, CDD seniors, CRP, CTP et contrat d'avenir). Plusieurs contrats peuvent être signés à la suite avec un même salarié en veillant à modifier

---

* Ce point n'est pas partagé par M. Chérèque et la CFDT. Celle-ci a ouvert une large réflexion sur l'évolution du contrat de travail, notamment au regard de la forte précarité et des inégalités que nous constatons au sein du salariat. Cette réflexion toujours en cours, a cependant d'emblée écarté l'hypothèse d'un contrat unique inopérant face aux réalités du travail.

le contenu du poste et à respecter certains délais. Depuis 1986 et la fin de l'autorisation préalable de licenciement, le contrôle administratif s'est mué en un contrôle judiciaire dont l'issue est aussi longue qu'aléatoire.

Pour ne pas voir perdurer deux classes distinctes de travailleurs selon la césure CDD/CDI, et une trentaine de classes de travailleurs selon la nature de leur contrat de travail, on devra aller, d'une façon ou d'une autre, vers l'instauration d'une *forme unique de contrat à durée indéterminée.*

Le contrat de travail unique s'inspirerait du droit commercial où la volonté des parties prévaut et où la rupture de contrat entraîne une indemnité compensatrice. Dans ce contrat unique, il n'y aurait plus d'embauche à durée déterminée. La rupture du contrat de travail donnerait lieu à un délai-congé (dont la durée pourrait être identique à celle prévalant actuellement pour le CDI), ainsi qu'à une indemnité. L'employeur s'engagerait sur une durée minimale, selon des termes identiques à ceux prévalant aujourd'hui dans le cadre des CDD. Il devrait rémunérer le salarié durant cette période, sauf en cas de faute grave, de force majeure ou d'accord entre les parties. Le salarié ne pourrait rompre son contrat avant la durée minimale prévue qu'en cas de faute grave de l'employeur, de force majeure ou d'accord de l'employeur.

L'indemnité de licenciement[1] serait proportionnelle à la rémunération totale perçue depuis la date de signature du contrat. Cette indemnité serait majorée durant la période des 18 premiers mois des contrats. Comme dans le cadre de la réglementation du CDD (qui prévoit une prime de précarité de 10 % de la rémunération brute), l'indemnité de licenciement pourrait être égale à 10 % du montant de la rémunération brute versée par l'employeur. Cette modification de la réglementation entraînerait une amélioration de la situation de nombreux salariés dans la mesure où, actuellement, la prime de précarité n'est pas due dans le cadre des contrats déterminés d'usage, et dans la mesure où l'indemnité légale de licenciement sur les

---

Proposition in *De la précarité à la mobilité : vers une Sécurité sociale professionnelle*, P. Cahuc & F. Kramarz, 2004.

CDI est faible ; en particulier, elle est nulle pour les salariés en CDI dont l'ancienneté est inférieure à deux ans.

Ce contrat de travail unique ne serait pas communiqué aux tiers, en particulier aux établissements de crédit et aux bailleurs Un document unique résumé – écartant les éléments pouvant prêter à discriminations – reprendra uniquement les éléments utiles à l'obtention d'un crédit ou d'un logement : nature de l'emploi, échelon, salaire, attestation d'une période minimale d'emploi (de 12 mois par exemple).

Par ailleurs, le législateur devra élaborer par voie d'accord collectif, ou, à défaut, par voie réglementaire, un autre type de contrat de travail établissant le statut de travailleur indépendant, lequel deviendra un cas très général. Dans le même temps, il devra préciser le lien de subordination tel qu'il a été dégagé par voie jurisprudentielle, par opposition au statut de prestataire de service. Le recours à ces contrats permettrait aux parties de choisir clairement le cadre juridique dans lequel ils souhaitent s'inscrire, et de sécuriser leurs relations dans la durée[1]. En particulier cela permettra de protéger l'employeur de l'employé lorsque l'employeur est une personne dépendante.

15. La flexisécurité
et le contrat d'évolution

Certains dispositifs de protection contre le chômage sont réservés aux salariés, et dotés d'un mode de gestion et de financement spécifique ; d'autres sont financés par l'assurance-chômage et réservés aux demandeurs d'emploi indemnisables ; d'autres, enfin, s'adressent aux demandeurs d'emploi en fin de droits et sont financés par l'État.

Ces différentes catégories correspondent en fait à des phases successives de l'histoire sociale de la France : d'abord les salariés ont obtenu des droits des entreprises ou des branches ; ensuite s'est instaurée l'assurance-chômage commune à toutes les branches

---

1. Proposition in *Pour un Code du travail plus efficace*, M. de Virville, 2004.

professionnelles et gérée par les partenaires sociaux ; un système d'aide aux exclus s'est enfin mis en place, financé par l'État. Cette évolution crée des cloisons entre les salariés et les différentes catégories de demandeurs d'emploi, les différents compartiments de ce système étant caractérisés par des modes de financement et de décision distincts.

30 % des demandeurs d'emploi perçoivent une allocation-chômage inférieure à 700 euros par mois, cependant que certains perçoivent une indemnité pouvant aller jusqu'à 5 700 euros. La période d'indemnisation est uniformément fixée à 23 mois pour ceux qui sont rapidement réemployables comme pour ceux qui, en bas de la pyramide, éprouvent de réelles difficultés de réinsertion professionnelle.

Par ailleurs, le régime français est plutôt marqué par la faible mutualisation des reclassements à l'initiative des entreprises. La législation permet que certains départs se fassent de manière transactionnelle, aux frais de la collectivité, alors qu'elle contraint l'employeur à respecter des règles pour assurer lui-même le reclassement du travailleur.

L'entreprise se voit donc dans l'obligation d'effectuer un travail pour lequel elle ne peut prétendre à aucune efficacité.

Si elle veut innover, la France devra réfléchir à rattacher le plus possible les droits au salarié, à soutenir les parcours individuels, tout en supprimant les régimes spécifiques à certaines catégories. Tant que le droit du travail ne permettra pas de transférer certains droits individuels d'un contrat de travail à un autre, il sera impossible de rendre compatibles, aux yeux des salariés, l'idée de mobilité et le sentiment de sécurité.

Il sera donc nécessaire de repenser la protection des individus en période de chômage. Selon l'article 5 du préambule de la Constitution de 1946, repris dans la Constitution de 1958, *« chacun a le devoir de travailler et le droit d'obtenir un emploi »*.

Pour y parvenir, en France comme ailleurs, il faudra mettre en place une protection sociale plus importante et une protection de l'emploi plus faible. Les pays qui l'ont déjà fait enregistrent tous un plus faible taux de chômage et une mobilité professionnelle ascendante supérieure. Pour gérer ces transitions, il est nécessaire de bâtir des systèmes de mutualisation aux niveaux sectoriel et/ou national. Par exemple, si le salarié ne peut à l'évidence préserver la croissance due à son ancienneté (qui se traduit dans les faits par une progression de son salaire), il doit en revanche pouvoir conserver son droit à la formation.

L'exemple danois, dont il a été question plus haut, est une base utile, mais il ne saurait suffire à définir un projet pour la gestion du chômage en France. Il ne vise pas à résoudre les problèmes du vieillissement de la population, à améliorer l'intégration des travailleurs immigrés, à accroître l'efficacité du système éducatif. « De plus, la lourdeur des prélèvements obligatoires danois rend très difficile toute amélioration du système sans remise en cause des incitations à l'activité et à l'innovation. Il faut donc chercher un nouveau compromis qui garantirait une sécurisation des parcours professionnels grâce à un redéploiement des interventions publiques et à une nouvelle délimitation des responsabilités respectives de l'État et des partenaires sociaux – une flexisécurité à la française[1]. »

Une politique volontaire et centralisée des pouvoirs publics en matière de reclassement donnerait des résultats meilleurs qu'une obligation légale mal ressentie et mal maîtrisée par les entreprises.

Les pouvoirs publics devront donc reprendre à leur compte le reclassement des travailleurs. Une contribution de solidarité versée par les entreprises, proportionnelle aux salaires perçus par chaque salarié licencié sur la durée de son emploi, alimenterait les dépenses d'accompagnement des personnes privées d'emploi. À titre d'exemple, une contribution de 1,6 % des salaires[2] des personnes licenciées (correspondant au coût de reclassement supporté actuellement par les entreprises dans le cadre du licenciement économique) permettrait de doter le service

---

1. *La Flexisécurité danoise, quels enseignements pour la France ?*, Robert Boyer, Publications du CEPREMAP, 2006.

2. Proposition in *De la précarité à la mobilité : vers une Sécurité sociale professionnelle*, P. Cahuc & F. Kramarz, 2004.

public de l'emploi d'un budget annuel de reclassement de 5 milliards d'euros.

Dégagée de toute obligation de reclassement, l'entreprise serait évidemment toujours tenue de respecter la procédure relative à l'information du salarié (et, le cas échéant, de l'administration) et le préavis de licenciement.

16. Réformer le service public de l'emploi

Le service public de l'emploi en France est complexe dans son utilisation comme dans son organisation, insuffisamment efficace dans l'aide qu'il apporte, et peu contraignant pour le chômeur. Il utilise lui-même de nombreux sous-traitants (entretiens d'orientation, psychologues, formateurs, etc.). Depuis sa création, on recense plus de vingt rapports dont l'objet est le manque d'efficacité et la complexité des structures de l'ANPE. Malgré le recrutement de trois mille agents supplémentaires décidé en 2006, il n'y a encore en France qu'un agent pour cent chômeurs, alors qu'en Suède on en compte un pour quarante chômeurs.

La satisfaction des usagers de ce service public est ainsi globalement peu élevée – souvent avec moins d'un utilisateur sur dix « très satisfait » du service proposé –, ce qui place le service public français de l'emploi en bas des classements[1].

Toute réforme du système devra donc aller dans le sens d'une simplification de l'organisation et d'une aide effective aux chômeurs qui en ont réellement besoin. La prise en charge efficace des chômeurs ne pourra se faire que par la création d'un « guichet unique » qui gérera l'inscription, l'indemnisation, le profilage.

Cette simplification administrative de bon sens est déjà une réalité dans maints pays européens. Elle permettra de créer les conditions de gestion de la flexisécurité ou du contrat d'évolution, selon la solution qui sera retenue.

---

1. *La Voix des usagers un levier pour la transformation des services publics*, Institut Paul Delouvrier, 2005.

17. Harmoniser les conditions de retraite des actifs

La situation des régimes spéciaux de retraite comme ceux d'EDF, de GDF, de la RATP ou de la SNCF, pose un problème dont la solution ne peut plus être différée : si rien ne change, le déséquilibre croissant entre actifs et retraités les conduira à la faillite. Dans son récent rapport sur la Sécurité sociale. la Cour des comptes insiste sur l'urgence qu'il y a à trouver une solution. Elle précise que la détérioration à venir des comptes des régimes spéciaux va aboutir à la multiplication par trois de la subvention d'équilibre de l'État pour la seule RATP dans les dix prochaines années ! Avec une population active stable – conjoncture qui reste à prouver –, le Conseil d'orientation des retraites prévoit d'ici 2050 une multiplication par 3,3 de la subvention d'équilibre de l'État pour la RATP et une augmentation de 25 % pour la SNCF. La Cour des comptes conclut que ces régimes doivent être « alignés sur ceux du secteur privé et des fonctions publiques ». Pour sa part, le Conseil d'orientation des retraites, où siègent notamment les partenaires sociaux, souligne que l'avenir des régimes spéciaux ne devra pas être oublié dans les dossiers à aborder en 2008.

Le problème est certes d'ordre financier, mais il relève d'un calcul purement mathématique. On ne peut maintenir à l'identique la durée et le taux des cotisations ainsi que le niveau des prestations quand le nombre des cotisants diminue et que celui des retraités augmente du fait notamment de l'allongement de la durée de vie.

Il n'est en effet plus admissible que dans un régime de retraite par répartition, expression même de la solidarité nationale, les salariés du privé et les fonctionnaires consentent des efforts pour sauver leurs régimes respectifs, mais que les bénéficiaires des régimes spéciaux s'en abstiennent, en continuant à partir en retraite à 55 ans, voire à 50 pour certains. Il n'est pas non plus admissible que leurs pensions soient calculées sur leurs six derniers mois de carrière, et non sur les 25 meilleures années, comme dans le privé. Sont concernés par ce problème tous les bénéficiaires de ces régimes, y compris les parlementaires, les ministres des cultes, les marins et les salariés de la Banque de France, les danseurs de l'Opéra de Paris, etc. La caisse des personnels hospitaliers est aujourd'hui quasiment alignée sur le régime général. Il est plus que temps que les autres s'y soumettent également.

Enfin, il faut – et ce ne sera pas le moins révolutionnaire ! – réunir les conditions pour que les fonctionnaires paient des cotisations-chômage, ne serait-ce que par solidarité nationale.

*

* *

À partir des développements qui précèdent, on voit se dessiner un monde de plus en plus mobile, changeant, précaire, instable Jamais le travail des hommes n'aura évolué autant qu'il se trouvera modifié au cours des cinquante prochaines années. Si l'humanité est capable de mettre en place les protections nécessaires pour les plus pauvres du Sud comme pour les habitants du Nord, le monde entrera dans une période de formidable croissance. Si, par contre, nous voyons resurgir, d'une façon ou d'une autre, une précarité endémique, l'esclavage sous toutes ses formes, et même, sous sa figure la plus extrême, la guerre, le travail de demain se réduira, pour une large partie de l'humanité, à celui de donner la mort, comme cela fut si souvent et si longtemps le cas au cours du XXe siècle.

Si l'humanité réussit à éviter ce scénario-catastrophe, la responsabilité de la collectivité des hommes consistera surtout à préparer les générations suivantes à occuper des emplois qui n'existent même pas encore aujourd'hui dans nos imaginations ; ils engendreront et formeront les chercheurs qui découvriront les innovations dont découleront les applications qui rendront nécessaires de tels emplois.

Bibliographie

Changements dans le monde du travail, Bureau international du travail, 2006.

Engagements éthique et solidaire des citoyens dans l'économie : une responsabilité pour la cohésion sociale, Éditions du Conseil de l'Europe, décembre 2004.

Reconsidérer la richesse, P. Viveret, janvier 2002.

Vers les sociétés du savoir, Éditions UNESCO, 2005.

L'avenir du travail, de l'emploi et de la protection sociale, compte rendu du symposium France/OIT, Annecy 2001, Organisation internationale du travail, 2002.

Competing for Global Talent, Organisation internationale du travail, 2006.

Durée du travail : vers plus de flexibilité ?, Bureau international du travail, 2005.

La relation de travail, Bureau international du travail, 2006.

Les Européens et les technologies de l'information et de la communication dans le cadre de l'emploi, R. Spadaro, European Opinion Research group, 2001.

L'avenir du travail, de l'emploi et de la protection sociale, compte rendu du symposium France/OIT, Lyon 2002, Organisation internationale du travail, 2002.

Offshoring and the Internationalization of Employment, Organisation internationale du travail, 2006.

Organized Labour in the 21st Century, Organisation internationale du travail, 2002.

L'opportunité d'un nouveau type de société à vocation sociale, A. Liepietz, 1999.

Productivité et emploi dans le tertiaire, P. Cahuc & M. Debonneuil, La Documentation française, 2004.

Développer l'offre de services à la personne, G. Bentoglio, Commissariat général du Plan, mai 2005.

Plan de développement des services à la personne, ministère de l'Emploi, du Travail et de la Cohésion sociale, février 2005.

Services à la personne : modes de vie, modes d'emploi, L'Observatoire Caisse d'Épargne, 2006.

De la précarité à la mobilité : vers une Sécurité sociale professionnelle, P. Cahuc & F. Kramarz, décembre 2004

Pour un Code du travail plus efficace, M. de Virville, janvier 2004.

Vers une nouvelle croissance pour la France, M. Camdessus, La documentation française, 2004.

L'Emploi, Hors série Alternatives Économiques, 2007.

Mondialisation : une perspective européenne, J. Sutton, Les notes de la Fondation Jean-Jaurès, 2005.

De « la formation tout au long de la vie » à l'employabilité, Institut Montaigne, septembre 2003.

Avoir des leaders dans la compétition universitaire mondiale, Institut Montaigne, octobre 2006.

Mondialisation : réconcilier la France avec la compétitivité, Institut Montaigne, juin 2006.

Compétitivité et vieillissement, Institut Montaigne, septembre 2003.

Sortir de l'immobilité sociale à la française, Institut Montaigne, novembre 2006.

Besoins de main-d'œuvre et politique migratoire, Centre d'analyse stratégique, mai 2006.

Mobilités professionnelles et compétences transversales, Centre d'analyse stratégique, juin 2006.

L'Espoir économique, M. Debonneuil, Bourin Éditeur, mars 2007.

Le Chômage, fatalité ou nécessité ?, P. Cahuc & A. Zylberberg, Flammarion, septembre 2005.

L'Introuvable Sécurité de l'emploi, P. Auer & B. Gazier, Flammarion, octobre 2006.

Common Sense, G. de Ménil, Odile Jacob, février 2007.

Dictionnaire de l'autre économie, J.-L. Laville, Gallimard, septembre 2006.

Une brève histoire de l'avenir, J. Attali, Fayard, novembre 2006.

La Voie humaine, J. Attali, Fayard, avril 2004.

Dictionnaire du XXIe siècle, J. Attali, Fayard, 1998.

Work in the Global Economy, Organisation internationale du travail, 2003.

La Nouvelle Équation sociale, M. Hirsch, avril 2005.

L'Économie de l'immatériel, M. Lévy & J.-P. Jouyet, novembre 2006.

TABLE

ISBN 978-2-213-63285-8

www.ingramcontent.com/pod-product-compliance
Lightning Source LLC
Chambersburg PA
CBHW061322220326
41599CB00026B/4993